© 2003 Schroedel, Hannover

Inhaltsverzeichnis

Bestellnummer 3-507-10349-5

Familienbilder

Auf den Fotos sind verschiedene Personengruppen abgebildet. Sie behaupten von sich:
„Wir sind eine Familie". Kannst du zustimmen? Begründe.

Bestellnummer 3-507-10349-5

Zuhause

1. Wähle drei Bilder aus. Wie fühlen sich die Kinder und Erwachsenen in den einzelnen Bildszenen?

① _____

_____

2. Suche passende Begriffe als Bildunterschriften aus:
Liebe, Zuflucht, Trost, Vertrauen, Hilfe, Zuneigung, Spiel, Schutz.

_____

_____

Familie heute

Deutschland			
Eheschließungen, Geborene, Gestorbene	**2004**	**2005**	**2006**
Eheschließungen	395.992	388.451	373.681
Lebendgeborene **insgesamt**	705.662	685.795	672.724
Lebendgeborene von nicht verheirateten Eltern	197.129	200.122	201.519
Lebendgeborene mit ausländ. Staatsangehörigkeit	–	30.261	29.176
Gestorbene	818.271	830.227	821.627
Überschuss der Lebendgeborenen (+) bzw. der Gestorbenen (–)	–112.649	–144.432	–148.903
Ehescheidungen	213.691	201.693	190.928

© Statistisches Bundesamt Deutschland 2008

1. Wie entwickeln sich die Bereiche Eheschließungen, Geburten, Sterbefälle und Eheschei-
dungen?

_____

_____

_____

_____

_____

2. Der Überschuss der Lebendgeborenen bzw. der Gestorbenen zeigt eine negative Bilanz.
Was bedeutet das für die Entwicklung der Bevölkerung in Deutschland?

_____

_____

_____

_____

_____

Bestellnummer 3-507-10349-5

Auskommen mit dem Familieneinkommen

monatliches Einkommen	Familie Stein hat drei Kinder. Manuel, 12 Jahre, Julia 10 Jahre und Niklas, 8 Jahre. Sie leben von Herrn Steins Einkommen. Frau Stein arbeitet gelegentlich im Krankenhaus.	
monatlicher Verdienst (Netto-einkommen)	Herr Stein: Facharbeiter	1278 Euro
	Frau Stein: Krankenschwester	322 Euro
Kindergeld	für das 1. Kind	154 Euro
	für das 2. Kind	154 Euro
	für das 3. Kind	154 Euro
monatliches Gesamteinkommen		**2062 Euro**
monatliche Ausgaben		
Wohnungsmiete + Nebenkosten (Heizung, Strom, Wasser, Müllabfuhr)		585 Euro
Versicherungen		125 Euro
Kleidung, Schuhe		150 Euro
Lebensmittel		765 Euro
Auto		130 Euro
Telefon, Zeitung, TV		92 Euro
Rücklage für Urlaub		75 Euro
Taschengeld für die Kinder		40 Euro
Einzahlung auf Sparbuch		100 Euro
gesamt		**2062 Euro**

1. Wie viel Geld hat Familie Stein monatlich zur freien Verfügung?

_____

_____

_____

_____

_____

_____

_____

_____

2. Markiere die **festen Kosten** der Familie Stein. Bei welchen Beiträgen kann eingespart werden?

_____

_____

_____

_____

_____

_____

_____

3. Familie Stein braucht mehr Geld. Was könnte sie tun? Schreibe Vorschläge auf.

_____

_____

_____

_____

_____

_____

Bestellnummer 3-507-10349-5

Zeit für Kinder

Defekt wegen Vernachlässigung

Mehr Zeit für Kinder.

1. Was sagt „Defekt wegen Vernachlässigung" aus?

_____

_____

2. Versetze dich in die Situation des Jungen. Liste Wünsche auf, die er an seine Eltern haben könnte.

_____   _____

_____   _____

3. „Mehr Zeit für Kinder!" – Ein Lösungsweg? Nimm Stellung.

_____

_____

_____

_____

_____

Bestellnummer 3-507-10349-5

© 2003 Schroedel, Hannover

Bestellnummer 3-507-10349-5

Sind Frauen und Männer gleichberechtigt?

1. Kennzeichne in Stichworten die unterschiedlichen Meinungen, die in den Sprechblasen deutlich werden.

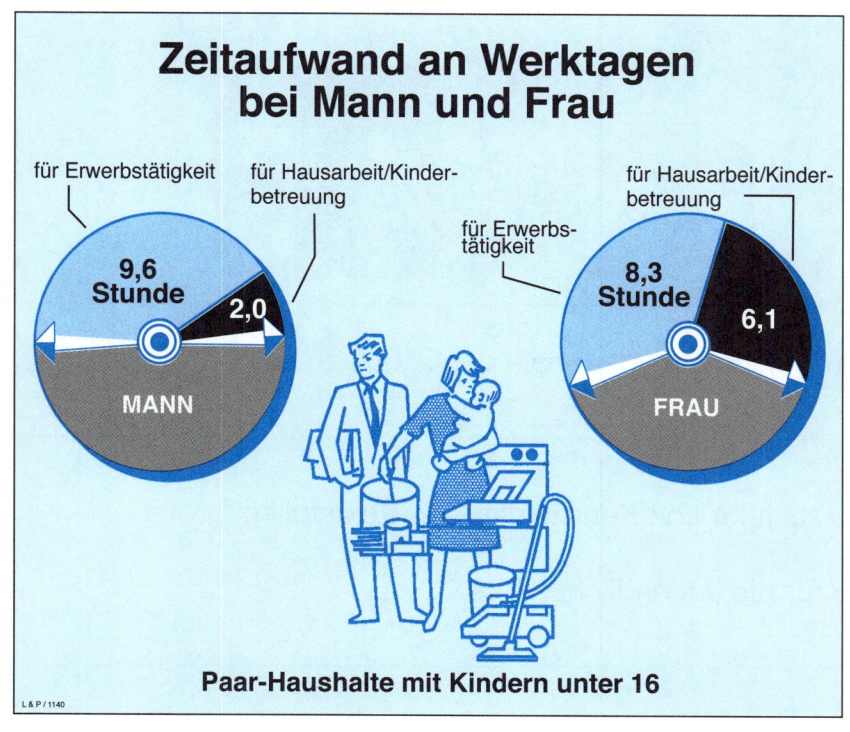

Zeitaufwand an Werktagen bei Mann und Frau

für Erwerbstätigkeit

für Hausarbeit/Kinder-betreuung

9,6 Stunde 2,0

MANN

für Hausarbeit/Kinder-betreuung

für Erwerbs-tätigkeit

8,3 Stunde 6,1

FRAU

Paar-Haushalte mit Kindern unter 16

L & P / 1140

2. Notiere die Belastung, die aus der Grafik deutlich wird.
A für die Frau:

B für den Mann:

7

Die Clique

1. Welche Kleidungsstücke scheinen Erkennungsmerkmale der Clique zu sein?

2. Welche Regeln halten die Gruppe zusammen? Kennzeichne die Textstellen farbig.

3. Welche Bedeutung hat die Clique für die Jugendlichen?

© 2003 Schroedel, Hannover

Bestellnummer 3-507-10349-5

„Ausländer"

„Ausländerkinder sind doof; die können nicht mal richtig Kartoffel schreiben!"

MAKAROHNI-FRESSER

CARRTOFEL-VRESSER !

1. In der Aussage wird die Haltung der beiden Jugendlichen zu Ausländern deutlich. Erkläre.

„In Deutsch bin ich schlecht. Aber im Tor ... da könnten sie's doch mal mit mir versuchen ..."

2. Stell dir vor, ein ausländischer Schüler käme nun in deine Klasse. Wie könntest du ihm helfen, dass er kein Außenseiter wird und sich schnell eingewöhnt?

Bestellnummer 3-507-10349-5

Freizeit mit anderen

Die Fotos zeigen unterschiedliche Freizeitaktivitäten.
Welche Interessen und Fähigkeiten sollten deiner Meinung nach die Personen zur Ausübung ihrer Freizeitaktivität mitbringen? Notiere.

1. _____

2. _____

3. _____

4. _____

5. _____

1. _____

2. _____

3. _____

4. _____

5. _____

1. _____

2. _____

3. _____

4. _____

5. _____

© 2003 Schroedel, Hannover

Bestellnummer 3-507-10349-5

Bestellnummer 3-507-10349-5

Freizeitaktivitäten

Was könnten die Schüler wohl in ihrer Freizeit machen?
Schreibe Stichwörter in die jeweiligen Sprechblasen.

Keine Macht den Drogen!

Adresse der Abbildung (Völler und Junge): http://www.kmdd.de/indexie.html (Stand 2003)

1. „Sport gegen Gewalt & Drogen!" Was ist mit diesem Werbeslogan gemeint?

_____

_____

_____

_____

_____

_____

2. Nenne Gründe, weshalb Drogen keine Macht im Leben eines Menschen haben sollten.

_____

_____

_____

_____

Bestellnummer 3-507-10349-5

Süchtiges Verhalten

„Fernsehsucht"
Vor dem Fernseher sitzen, den Finger auf der Fernbedienung. Eigentlich interessiert dich gar nichts, aber vielleicht könntest du etwas verpassen.

„Spielsucht"
Spielen um Geld macht besonderen Spaß. Super! Seit einiger Zeit spürt das auch dein Portemonee. Dich lässt kein Spielautomat kalt.

„Magersucht"
Schlank und schön werden gehört auch zu deinem Ideal. Essen bewusst zu sich zu nehmen und Überschüsse erbrechen oder abführen. Du weißt nicht mehr, ob das der richtige Weg ist?

„Putzsucht"
Sauberkeit ist das Wichtigste im Leben! Jeden Tag muss geputzt werden, jedes Ding muss an seinen Ort, sofort. Der Zwang ist vielleicht größer als die Genugtuung.

„Computersucht"
Jedes neue Spiel auf CD musst du haben! Das ist befriedigend! Spielen zu jeder freien Minute, am Wochenende und bis spät in die Nacht. Die anderen schönen Seiten des Lebens vergisst du völlig.

„Musiksucht"
Musik den ganzen Tag: aus der Stereoanlage zu Hause oder aus dem Walkman unterwegs. Du lässt dich berieseln, überall zu jeder Zeit. Stille ist unerträglich für dich.

„...sucht"
Sie nimmt in deinem Leben einen großen Platz ein. Sie dominiert dein Denken und Fühlen. Du kannst die anderen schönen Seiten des Lebens nicht richtig genießen. Dann bist du vielleicht ... süchtig.

„Esssucht"
Essen zieht dich unwiderstehlich an. Dein ganzes Denken kreist um alles Essbare. Du fühlst dich davon regelrecht angezogen.

1. Überlege mögliche Gründe, die zu einer der oben angeführten Sucht führen könnte.

_____

_____

_____

2. Welche Suchtformen kennst du?

_____

_____

_____

Bestellnummer 3-507-10349-5

Die Drogenberatungsstelle kann helfen

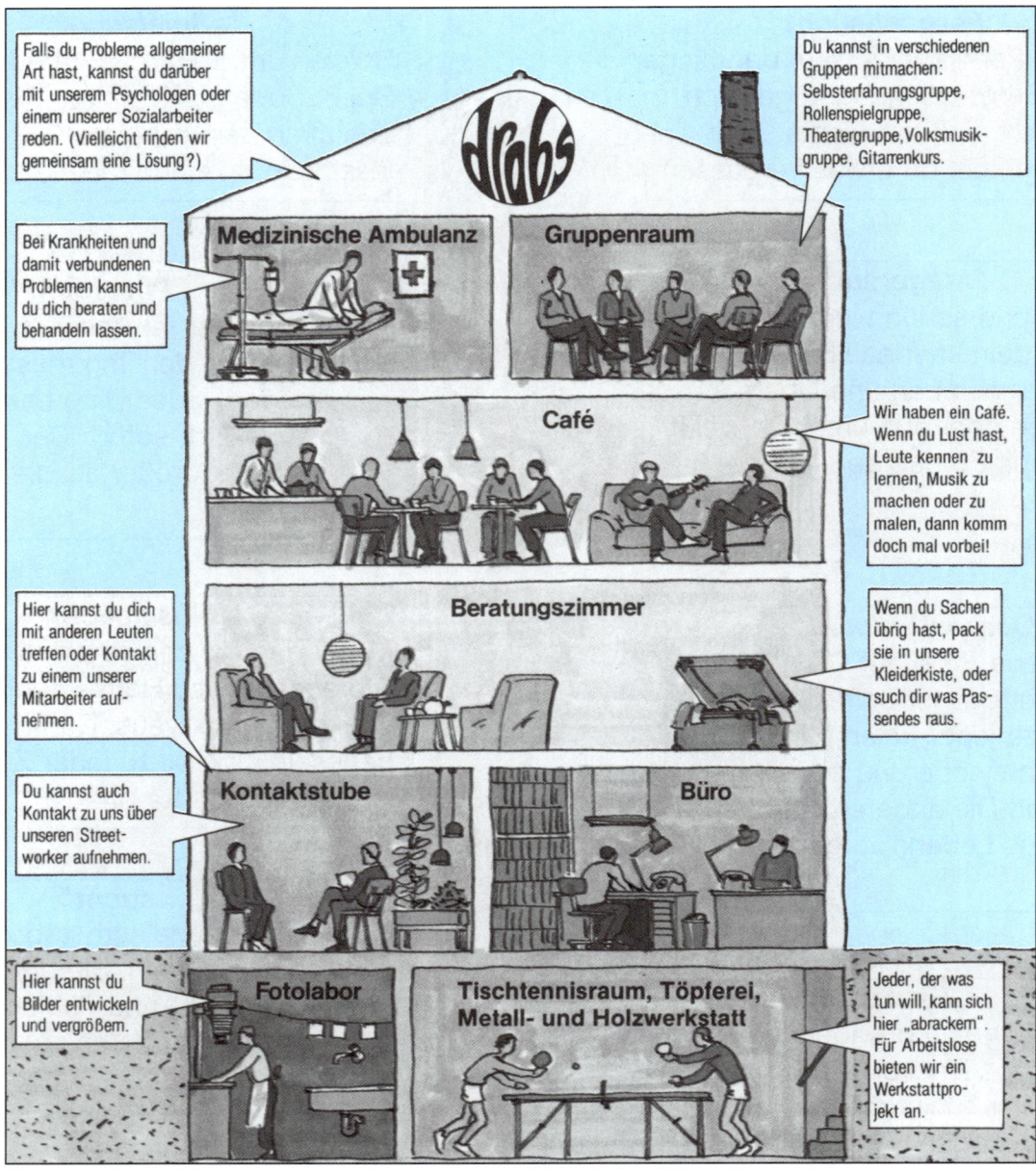

Erläutere anhand der Zeichnung die Arbeit dieser Drogenberatungsstelle (drobs).

_____

_____

_____

_____

_____

_____

_____

Bestellnummer 3-507-10349-5

Rauschgift

1. Betrachte die Briefmarke. Auf welchen Sachverhalt will der Zeichner aufmerksam machen?

_____

_____

_____

_____

_____

2. Welche Bedeutung hat wohl der dargestellte Schädel?

_____

_____

_____

_____

_____

3. Entwirf eine Briefmarke: „Rauschgift ist …"

Bestellnummer 3-507-10349-5

Bürgerinitiative

Eine Bürgerinitiative hat sich zusammengeschlossen und tritt für die Einrichtung einer Tempo-30-Zone ein. Sie hat ihre Überlegungen und einzelne Aktionsschritte auf Pappkarten festgehalten.

Bringe die Karten in die richtige Reihenfolge, damit die Aktion erfolgreich abgeschlossen werden kann. Schreibe dazu Zahlen von 1 bis 8 in die Kreise neben den abgebildeten Karten.

Bei Mitgliedern des Gemeinderats telefonisch nachhaken. Bei Medieninteresse eventuell Veranstaltung einer Pressekonferenz.

Information des betroffenen Viertels durch ein Flugblatt. Das Schreiben sollte Ansprechpartner nennen und zu einem Info-Abend einladen.

Die Gemeinde schlägt statt Tempo 30 Ampeln bzw. Zebrastreifen vor. Die Bürger stimmen ab: Die Mehrheit ist nicht einverstanden.

DIE LÖSUNG:
Das Ziel ist erreicht. Die Gemeindeverwaltung lässt sich nach harten Verhandlungen überzeugen: Die Straße wird zur Tempo-30-Zone.

Forderungen abfassen, von möglichst vielen unterzeichnen lassen. Adressaten sind Bürgermeister und Gemeinderat. Kopie an lokale Medien.

Mit anderen Betroffenen Kontakt aufnehmen. Gemeinsam einen Vorschlag erarbeiten. Ergebnis: Alle sind für Tempo 30.

Veranstaltung eines Info-Abends. Nachdem die Strategie festgelegt ist, erfolgt ein formloser Zusammenschluss zu einer Bürgerinitiative.

DAS PROBLEM:
Anwohner wollen eine Straße, in der Kinder spielen, zur verkehrsberuhigten Zone machen. Brief an die Gemeinde bleibt unbeantwortet.

© 2003 Schroedel, Hannover

Bestellnummer 3-507-10349-5

Engagement in der Gemeinde

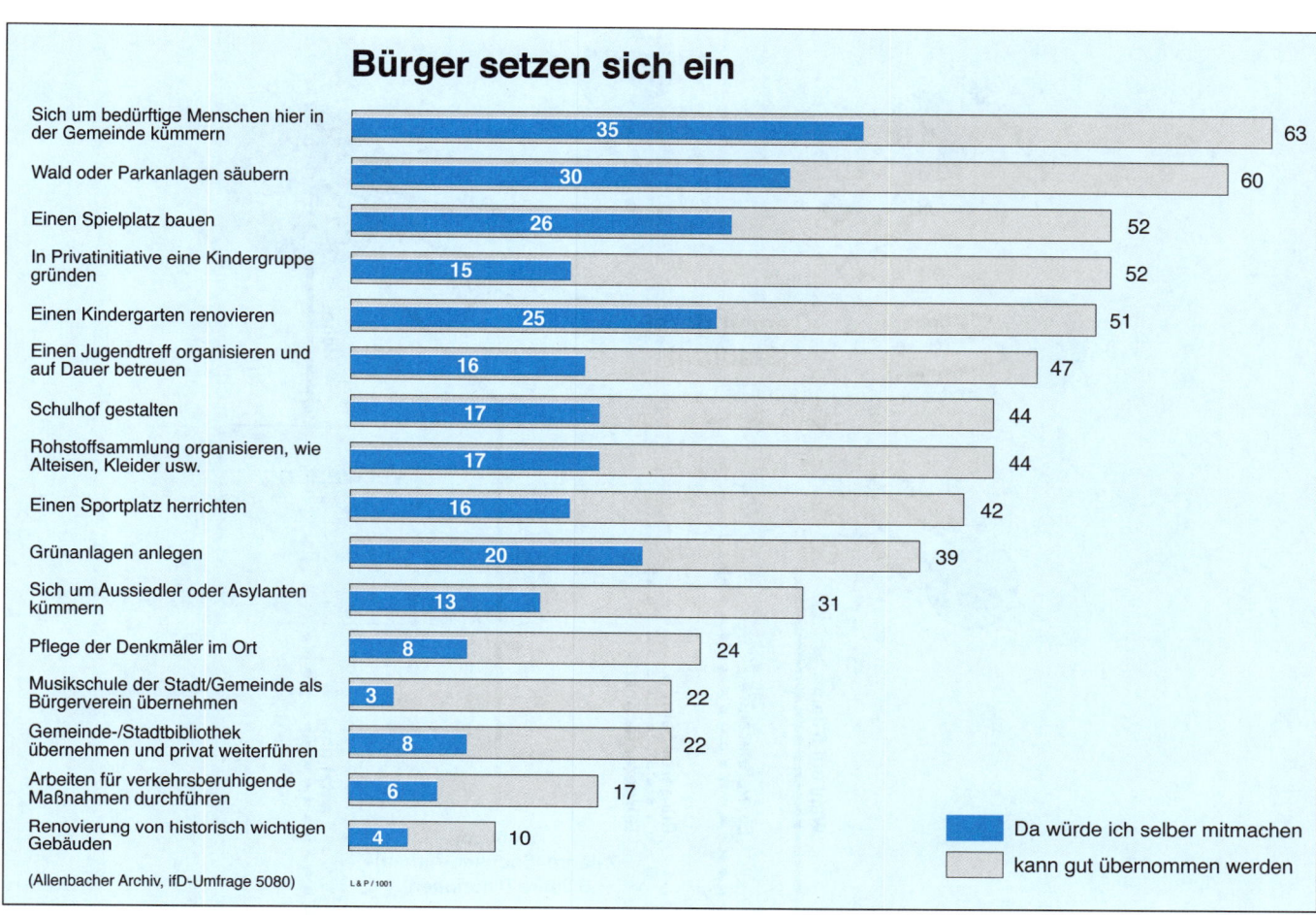

Bürger setzen sich ein

Initiative	Da würde ich selber mitmachen	kann gut übernommen werden
Sich um bedürftige Menschen hier in der Gemeinde kümmern	35	63
Wald oder Parkanlagen säubern	30	60
Einen Spielplatz bauen	26	52
In Privatinitiative eine Kindergruppe gründen	15	52
Einen Kindergarten renovieren	25	51
Einen Jugendtreff organisieren und auf Dauer betreuen	16	47
Schulhof gestalten	17	44
Rohstoffsammlung organisieren, wie Alteisen, Kleider usw.	17	44
Einen Sportplatz herrichten	16	42
Grünanlagen anlegen	20	39
Sich um Aussiedler oder Asylanten kümmern	13	31
Pflege der Denkmäler im Ort	8	24
Musikschule der Stadt/Gemeinde als Bürgerverein übernehmen	3	22
Gemeinde-/Stadtbibliothek übernehmen und privat weiterführen	8	22
Arbeiten für verkehrsberuhigende Maßnahmen durchführen	6	17
Renovierung von historisch wichtigen Gebäuden	4	10

(Allenbacher Archiv, ifD-Umfrage 5080)   L & P / 1001

1. Eine Umfrage hat ergeben, dass sich viele Bürgerinnen und Bürger für die Gemeinde einsetzen würden. An welchen Initiativen würdest du dich beteiligen? Begründe.

2. Wo setzen sich Bürgerinnen und Bürger für deine Gemeinde ein? Liste auf.

Unterschiedliche Kommunalverfassungen in den Ländern

© 2003 Schroedel, Hannover

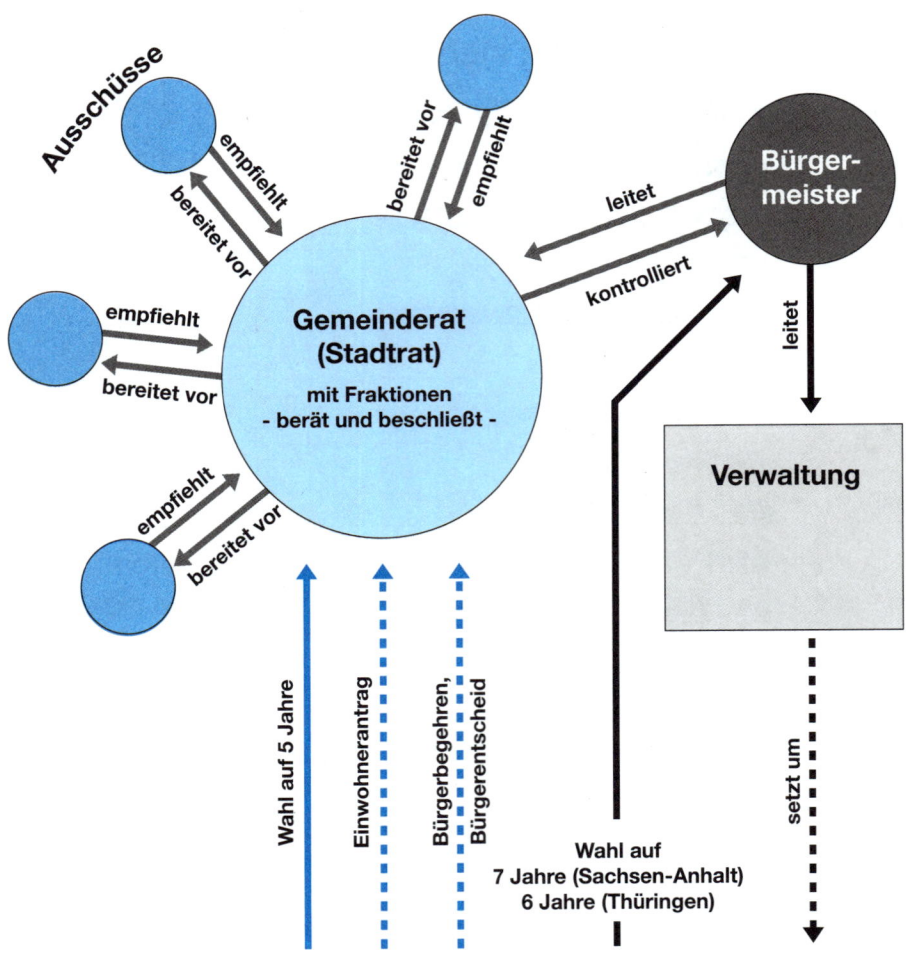

Erläuterungen zur Abbildung (Kommunalverfassung)

- Jede Bürgerin oder jeder Bürger kann sich – allein oder mit anderen – mit Anregungen oder Beschwerden schriftlich an den Rat oder Kreistag wenden.
- Personen ab dem 14. Lebensjahr haben das Recht, allein oder mit mehreren eine Angelegenheit per *Einwohnerantrag* an ihren örtlich zuständigen Gemeinderat oder Kreistag heranzutragen, soweit diese dafür sachlich zuständig sind.

- Bürgerinnen und Bürger haben die Möglichkeit, durch *Bürgerentscheid* über eine Angelegenheit selbst zu entscheiden, falls der Rat bzw. der Kreistag zuvor nicht vollständig oder wesentlich im Sinne des Bürgerbegehrens einen Entschluss gefasst hat. Der betreffende Sachverhalt muss im Bürgerentscheid so gefasst sein, dass über ihn mit „Ja" oder „Nein" abgestimmt werden kann.

Wie könntest du auf den Gemeinderat einwirken? Notiere.

Bestellnummer 3-507-10349-5

Bürgerinnen und Bürger nehmen Einfluss

Löse mithilfe der Abbildung das Kreuzworträtsel.

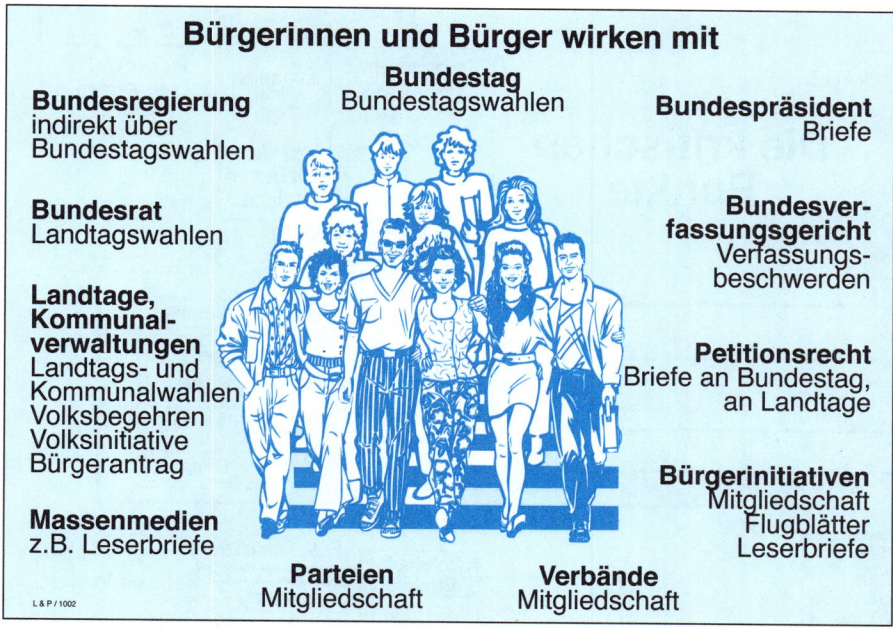

Bürgerinnen und Bürger wirken mit

Bundesregierung
indirekt über
Bundestagswahlen

Bundestag
Bundestagswahlen

Bundespräsident
Briefe

Bundesrat
Landtagswahlen

**Bundesver-
fassungsgericht**
Verfassungs-
beschwerden

**Landtage,
Kommunal-
verwaltungen**
Landtags- und
Kommunalwahlen
Volksbegehren
Volksinitiative
Bürgerantrag

Petitionsrecht
Briefe an Bundestag,
an Landtage

Massenmedien
z.B. Leserbriefe

Bürgerinitiativen
Mitgliedschaft
Flugblätter
Leserbriefe

Parteien
Mitgliedschaft

Verbände
Mitgliedschaft

L & P / 1002

1. Jugendliche, die das erste Mal wählen
2. Bürgerinnen und Bürger wählen Abgeordnete für die Gemeinde
3. Chefin einer Gemeinde
4. Bürgerin oder Bürger schreibt an Zeitung zu einem Artikel
5. öffentliche Kundgebung
6. Interessenvertretung
7. Erster Repräsentant in der Bundesrepublik
8. Bürger klagt gegen eine Verletzung seiner Grundrechte
9. politische Organisation
10. Blatt mit politischen Informationen, die auf einen Missstand hinweisen
11. Bürger organisieren sich gegen den Bau einer Müllverbrennungsanlage
12. Presse, Rundfunk und Fernsehen
13. Bürgerin schreibt Beschwerdebrief an den Bundestag
14. Bürgerinnen und Bürger stellen einen Antrag „Baut eine Inliner-Bahn im Zentrum"
15. Bürger tragen sich in eine Liste für den Neubau eines Kindergartens ein

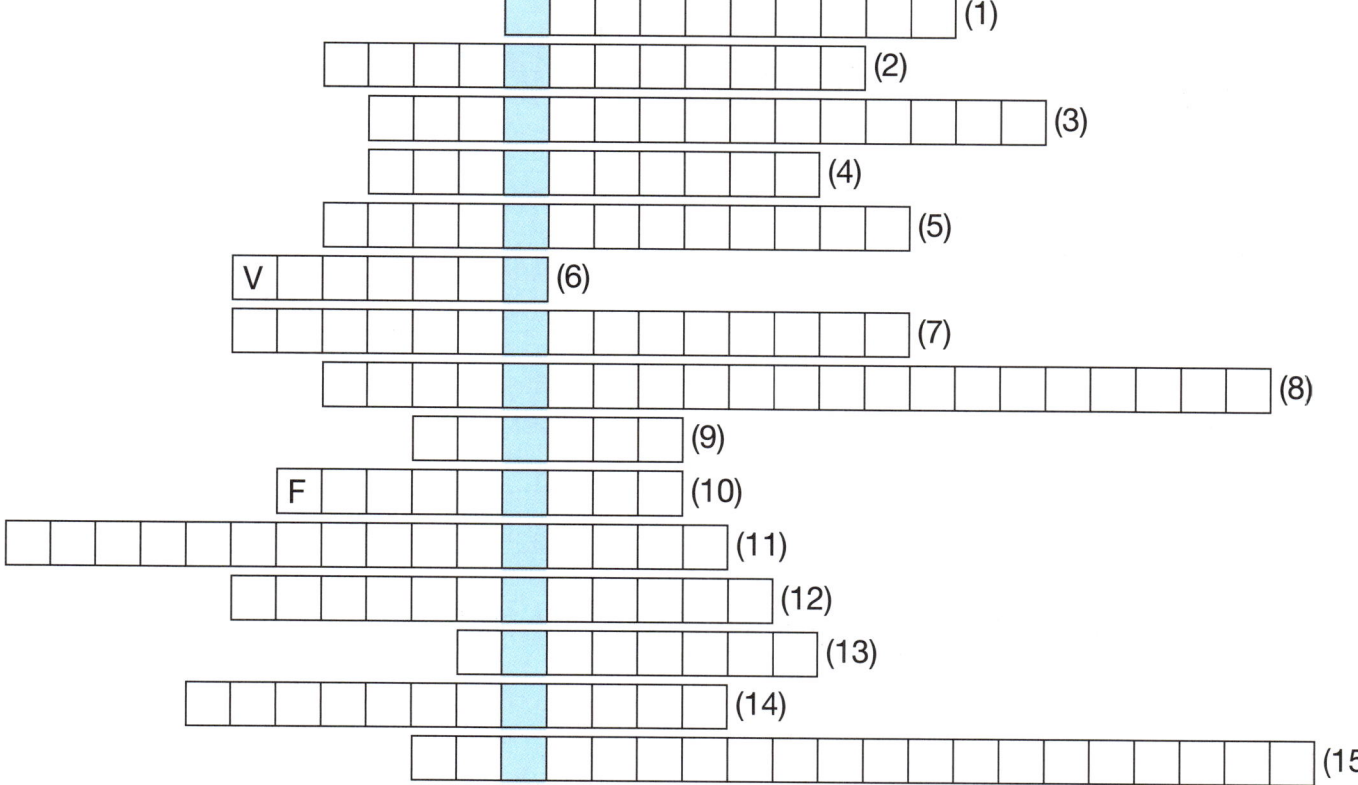

Kann Berichterstattung objektiv sein?

1. Wo liegen die *kritischen Punkte* der Berichterstattung? Beschreibe sie. Ordne ihnen die Begriffe: Wahrnehmung, Verständnis, Berichtsschwerpunkt, Zusammenfassung, Auswahl zu.

1. *kritischer Punkt:*

_____

_____

2. *kritischer Punkt:*

_____

_____

3. *kritischer Punkt:*

_____

_____

4. *kritischer Punkt:*

_____

_____

2. Auch Leser, Hörer oder Seher können die Nachricht je nach ihren persönlichen Situationen unterschiedlich aufnehmen. Beschreibe kurz.

_____

_____

Bestellnummer 3-507-10349-5

Kontrolle des öffentlich-rechtlichen Rundfunks

| **Verwaltungsrat**
überwacht die Einhaltung der Programmrichtlinien und kontrolliert die Arbeit des Intendanten | → kontrolliert → | **Intendant**
ist für die Programmgestaltung und für den gesamten Betrieb des Senders verantwortlich |

↑ wählt   ↑ wählt

Rundfunkrat
Vertritt die Interessen der gesellschaftlichen Gruppen.
Er beschließt die Programmrichtlinien. Er berät und beschließt über grundsätzliche Angelegenheiten des Senders. Er berät den Intendanten bei der Programmgestaltung.
Er sichert die Meinungs- und die Programmvielfalt.

↑ entsenden   ↑ entsenden   ↑ entsenden

Gesellschaftliche Gruppen

Kirchen	Sportverbände	Jugendorganisationen
Gewerkschaften	Presse	Städte und Gemeinden
Universitäten	Parteien	andere Interessengruppen:
Handwerkskammern	Behindertenbeauftragte	z. B. ältere Menschen
ausländische Mitbürger	Arbeitgeber	ausländische Mitbürger

Die Aufgaben des Rundfunkrates

Fülle die Lücken aus.

An der Spitze einer Sendeanstalt steht der _ _ _ _ _ _ _ _ _. Er ist für die

_ _ _ _ _ _ _ _ _ _ _ _ _ _ _ _ _ _ verantwortlich und ist der _ _ _ _ des Senders.

Der _ _ _ _ _ _ _ _ _ _ _ wählt den Intendanten und den _ _ _ _ _ _ _ _ _ _ _ _ _ _. Der Verwal-

tungsrat _ _ _ _ _ _ _ _ _ _ _ den Intendanten.

Im Rundfunkrat (beim ZDF heißt er Fernsehrat) sind die wichtigsten gesellschaftlichen Gruppen vertreten. Dazu gehören z. B. _____

_____ .

Die Beteiligung vieler wichtiger gesellschaftlicher Gruppen und Organisationen soll die

P_ _ _ _ _ _ _ _ _ _ _ _ _ und die M_ _ _ _ _ _ _ _ _ _ _ _ _ _ _ sichern.

© 2003 Schroedel, Hannover

Bearbeitung einer Karikatur

Karikaturen stellen oft ein Problem übertrieben dar. Gleichzeitig kritisieren sie durch einseitiges Verzerren der Wirklichkeit. Dadurch wird der Sachverhalt besonders deutlich und die Kritik unübersehbar. Setz dich mit der Karikatur auseinander.

1. Arbeitsschritt:
Was siehst du? (Personen, Gegenstände, Kleidung, Text usw.)

_____

_____

_____

_____

2. Arbeitsschritt:
Was fällt dir in der Karikatur besonders auf?

_____

_____

_____

_____

3. Arbeitsschritt:
Worum geht es in der Karikatur?

_____

_____

_____

_____

_____

4. Arbeitsschritt:
Welche Gedanken und Gefühle löst die Karikatur in dir aus?

_____

_____

_____

_____

5. Arbeitsschritt:
Wodurch schafft es die Zeichnerin, dass diese Gedanken und Gefühle ausgelöst werden?

_____

_____

_____

_____

6. Arbeitsschritt:
Welches Wissen oder welche Kenntnisse brauchst du, um die Aussage der Karikatur beurteilen zu können?

_____

_____

_____

_____

7. Arbeitsschritt:
Was will die Zeichnerin wohl mit der Karikatur aussagen?

_____

_____

_____

Bestellnummer 3-507-10349-5

Findest du es heraus?

Die Antworten für die folgenden Lücken stecken in dieser Zusammenstellung:

abonniert, Aufmacher, beeinflussen, Fernsehrat, Freizeitbeschäftigung, gesellschaftlicher, Internet, Kabelfernsehen, Kirchen, Kommentar, kritisch, Massenmedien, Parteien, Presseagentur, Presse- und Meinungsfreiheit, Rundfunkrat, Satellitenfernsehen, SMS, Wohlfahrtsorganisationen, Verleger

Man fasst Zeitungen, Radio und Fernsehen auch unter dem Begriff _ _ _ _ _ _ _ _ _ _ _ zusammen.

Der Hauptartikel einer Zeitung auf der ersten Seite heißt _ _ _ _ _ _ _ _ _.

Der Redakteur schreibt seine Meinung zu einem Ereignis im _ _ _ _ _ _ _ _ _.

Zeitungen, die man _ _ _ _ _ _ _ _ _ hat, bekommt man regelmäßig zugestellt.

Die dpa ist eine _ _ _ _ _ _ _ _ _ _ _ _ _ mit Sitz in Deutschland.

Der _ _ _ _ _ _ _ _ ist Eigentümer der Zeitung.

Das Grundgesetz garantiert die _ _ _ _ _ _ - _ _ _ _ _ _ _ _ _ _ _ _ _ _ _ _ _ _ im Artikel 5.

Das ZDF wird durch den _ _ _ _ _ _ _ _ _ _ kontrolliert, die ARD durch den _ _ _ _ _ _ _ _ _ _ _.

In den Rundfunkrat bzw. Fernsehrat werden Mitglieder verschiedener _ _ _ _ _ _ _ _ _ _ _ _ _ _ _ _ _ _ Gruppen entsandt.

Sie gehören den P_ _ _ _ _ _ _, K_ _ _ _ _ _, W_ und anderen Gruppen an.

Fernsehen ist eine beliebte _, aber wenn man zu viel fernsieht, kann es _ _ _ _ _ _ _ _ _ sein.

Fernsehfilme und vor allem Werbung im Fernsehen _ _ _ _ _ _ _ _ _ _ _ _ die Menschen.

Richtig fernsehen heißt _ _ _ _ _ _ _ _ fernsehen.

Wichtige Medien sind I_ _ _ _ _ _ _, K_ _ _ _ _ _ _ _ _ _ _ _ _, S _ _ und S_ _ _ _ _ _ _ _ _ _ _ _ _ _ _ _ _ _.

Bestellnummer 3-507-10349-5

Gefährdung der Umwelt

Schreibe das Umweltproblem auf, das in dem Foto dargestellt ist (jeweils in den blauen Kasten).

① _____

Ursachen: _____

_____

Folgen: _____

_____

_____

② _____

Ursachen: _____

_____

Folgen: _____

_____

_____

③ _____

Ursachen: _____

_____

Folgen: _____

_____

_____

Bestellnummer 3-507-10349-5

Mehrwegflasche kontra Getränkedose

Erkläre die Aussagen der Karikaturen und des Fotos. Welche Auffassung wird deutlich? Hilfen zur Bearbeitung von Karikaturen findest du auf Seite 22.

Bestellnummer 3-507-10349-5

Recycling und Mehrweg

- Einwegglasflaschen gehen vom Verpackungshersteller zum Abfüller.

- Von dort gehen sie nur einmal über den Handel zum Verbraucher.

- Einwegglasflaschen kommen von dort aus zu etwa 50 % als Scherben an die Glashütte zurück.

- Etwa 50 % des Glases sowie die Verschlüsse und Etiketten wandern in den Müll.

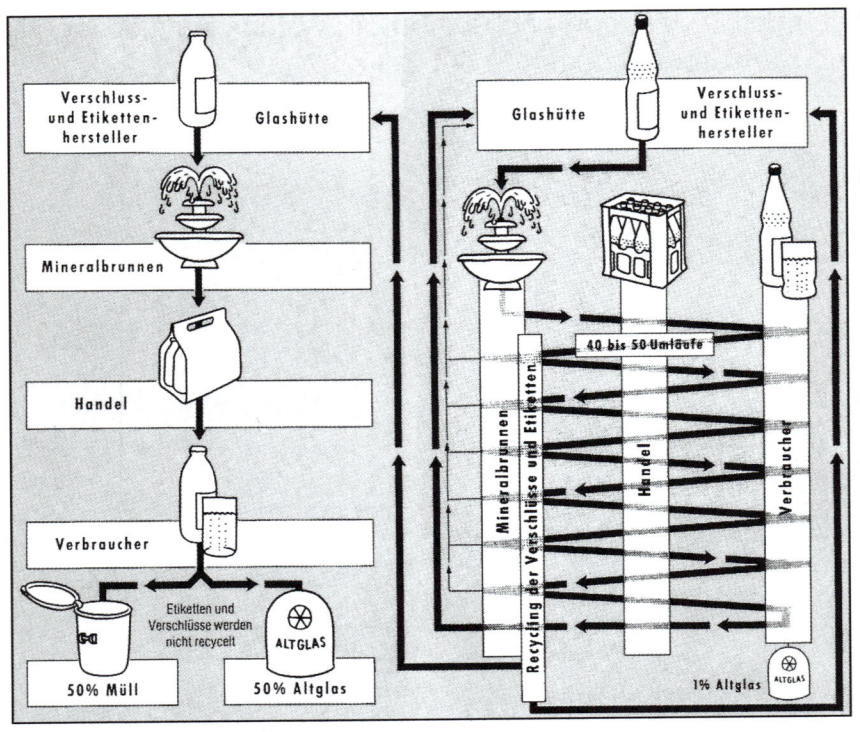

- Mehrwegglasflaschen gehen vom Verpackungshersteller zum Abfüller.

- Von dort aus zirkulieren sie vielfach (bei den Mineralbrunnen 40–50mal) zwischen Handel, Verbraucher und Abfüller.

- Nur 1 % der Flaschen gehen beim Verbraucher aus dem Kreislauf verloren.

- Ein weiteres Prozent wird im Brunnen aussortiert und wandert ins Recycling wie Verschlüsse und Etiketten.

(Informationszentrale Dt. Mineralwasser [Hrsg.], Mehrweg, München o. J., S. 16 f.)

„Recycling ist gut, Mehrweg ist besser." Begründe!

Bestellnummer 3-507-10349-5

Wertstoffe im Hausmüll

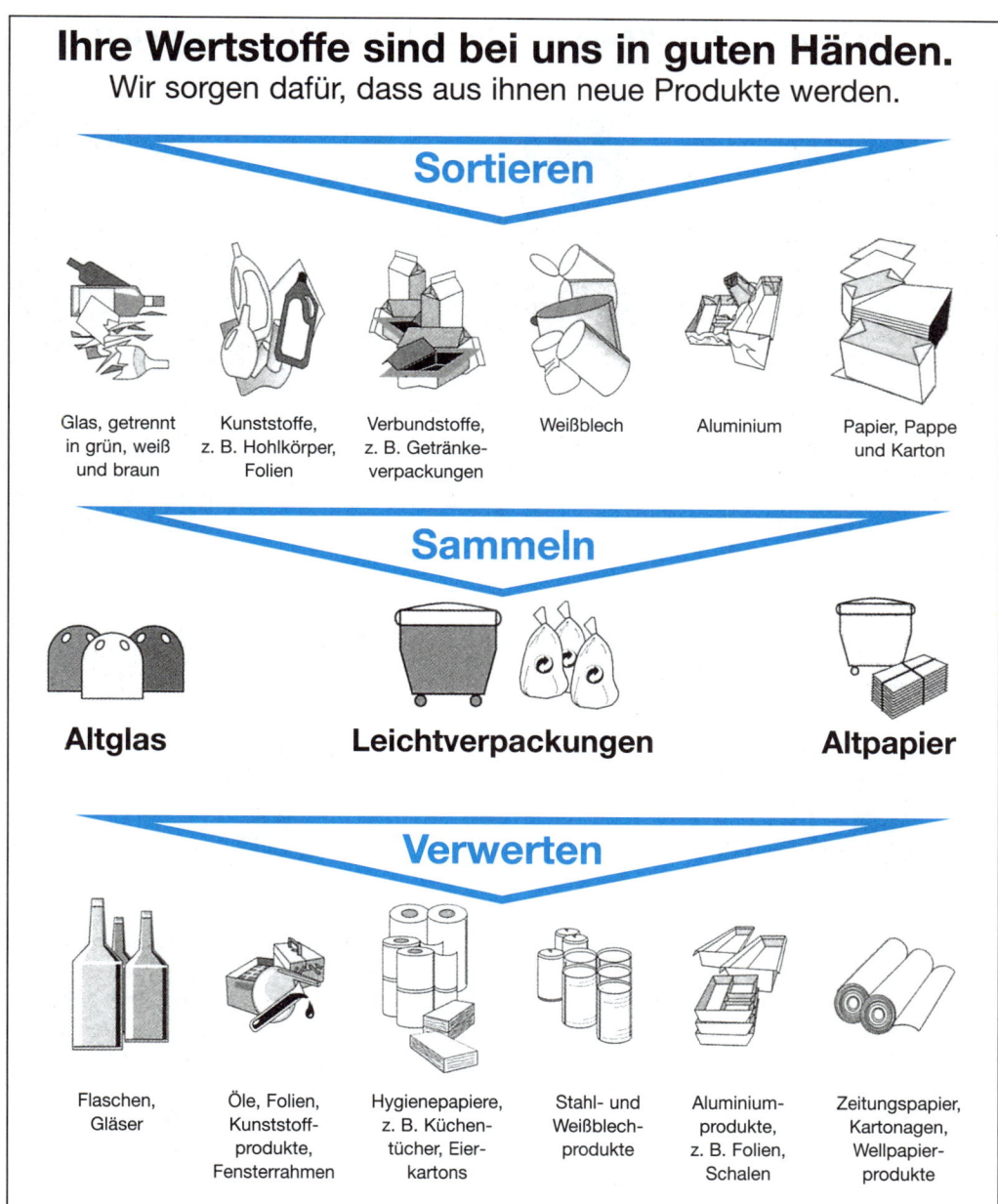

Ihre Wertstoffe sind bei uns in guten Händen.
Wir sorgen dafür, dass aus ihnen neue Produkte werden.

Sortieren

| Glas, getrennt in grün, weiß und braun | Kunststoffe, z. B. Hohlkörper, Folien | Verbundstoffe, z. B. Getränke- verpackungen | Weißblech | Aluminium | Papier, Pappe und Karton |

Sammeln

Altglas **Leichtverpackungen** **Altpapier**

Verwerten

| Flaschen, Gläser | Öle, Folien, Kunststoff- produkte, Fensterrahmen | Hygienepapiere, z. B. Küchen- tücher, Eier- kartons | Stahl- und Weißblech- produkte | Aluminium- produkte, z. B. Folien, Schalen | Zeitungspapier, Kartonagen, Wellpapier- produkte |

Erkläre mithilfe der Abbildung, wie dafür gesorgt wird, dass aus ausgewählten Wertstoffen neue Produkte werden.

Wertstoff 1	Wertstoff 2

Bestellnummer 3-507-10349-5

Energieeinsparung

Einige Möglichkeiten, Energie und Wasser einzusparen

© 2003 Schroedel, Hannover

Schalte Licht nur dort ein, wo es gebraucht wird. Festtagsbeleuchtung kostet Geld und schadet der Umwelt. An Stellen mit Dauerbeleuchtung möglichst Energiesparlampen benutzen.

Ein tropfender Wasserhahn verschwendet im Jahr bis zu 6000 Liter Wasser.

Wer nutzlos warmes Wasser laufen lässt, während er sich beim Duschen einseift, vergeudet Energie und Wasser. Deshalb zwischendurch das Wasser abdrehen!

Heize nur in den Räumen mit voller Stärke, in denen du dich aufhältst. In ungenutzten Räumen sollte das Heizkörperventil auf geringe Leistung eingestellt sein. Senke die Temperatur nachts ab. Eine Temperaturreduzierung um 1 °C spart etwa 6 Prozent Energie.

Lüfte während der Heizperiode bei abgeschalteter Heizung mehrmals täglich fünf Minuten kräftig durch. Das ist besser, als den ganzen Tag über das Fenster angekippt zu halten. Dann nämlich geht die Heizenergie im wahrsten Sinne zum Fenster hinaus.

(aus: Informationszentrale der Elektrizitätswirtschaft: StromBASISWISSEN, Nr. 100, S. 2 f.)

1. Welche Energiespartipps könntest du am leichtesten in der Schule einsetzen?

_____

_____

_____

2. Notiere, ob die oben beschriebenen Energiespartipps auch in deiner Schule beachtet werden.

_____

_____

_____

Bestellnummer 3-507-10349-5

Interesse an Politik?

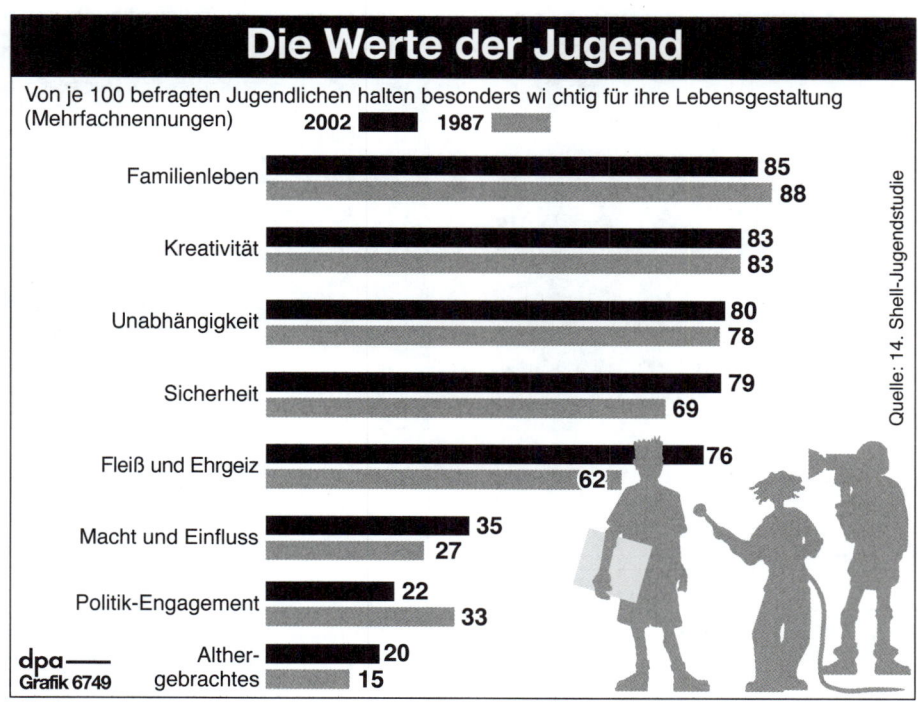

Die Werte der Jugend

Von je 100 befragten Jugendlichen halten besonders wichtig für ihre Lebensgestaltung (Mehrfachnennungen) 2002 ■ 1987 ▨

	2002	1987
Familienleben	85	88
Kreativität	83	83
Unabhängigkeit	80	78
Sicherheit	79	69
Fleiß und Ehrgeiz	76	62
Macht und Einfluss	35	27
Politik-Engagement	22	33
Althergebrachtes	20	15

Quelle: 14. Shell-Jugendstudie

dpa — Grafik 6749

1. Was ist für die befragten Jugendlichen besonders wichtig?

_____

2. Was verstehst du unter „Macht und Einfluss" und unter „Politik-Engagement"?

_____

_____

3. Überlege Gründe, weshalb politisches Engagement einen so geringen Stellenwert hat.

_____

_____

_____

_____

Bestellnummer 3-507-10349-5

Analyse von Wahlplakaten

Trage den Namen der Partei ein.	Trage den Namen der Partei ein.
_____	_____

a) Was ist auf dem Plakat zu sehen?

b) Was wird durch das Plakat in Aussicht gestellt?

c) Passen Bild und Text inhaltlich zusammen? Begründe.

d) Begründe, welche Wahlgruppe eurer Meinung nach durch das Plakat besonders angesprochen wird.

© 2003 Schroedel, Hannover

Bestellnummer 3-507-10349-5

Wahlprogramme der Parteien (1)

1. Welche Forderungen werden zur Gleichberechtigung vorgeschlagen?

> **SPD**
>
> Soziale Gerechtigkeit heißt auch: Chancengleichheit der Geschlechter. Die Chancen der Frauen müssen weiter verbessert werden.
> Unsere Politik zielt auf ein selbstbestimmtes, selbstverständlich partnerschaftliches Miteinander von Frauen und Männern in allen Lebensbereichen.
> … Die gleichberechtigte Beteiligung von Frauen und Männern an der Erwerbsarbeit, an der Familienarbeit und in Gesellschaft und Politik bleibt unser Ziel.
> *(aus: Deutschlands Rolle in Europa und der Welt (SPD, Berlin) – Regierungsprogramm der SPD)*

> **CDU/CSU**
>
> CDU und CSU wollen die Gleichberechtigung von Frau und Mann in einer partnerschaftlichen Gesellschaft verwirklichen. Wir wollen immer noch bestehende Benachteiligungen von Frauen in Arbeitswelt, Politik und Gesellschaft beseitigen. Frauen und Männer sollen sich in Freiheit und Verantwortung so entfalten können, wie es ihren Neigungen, Begabungen und Wünschen entspricht.
> *(aus: CDU-Regierungsprogramm 2002–2006)*

> **FDP**
>
> Als einzige Partei setzt sie auf das kreative Potenzial der einzelnen Bürgerinnen, ihre Leistungsbereitschaft und ihren Willen, ihr Leben selbst bestimmt zu leben. Die FDP setzt auch darauf, dass zunehmend erkannt wird, dass Wirtschaft und Gesellschaft die Potenziale und Fähigkeiten von Frauen brauchen und nicht länger ausgrenzen können. Nur wenn Frauen über ihr eigenes Leben selbst bestimmen, können sie sich bewusst und frei entscheiden und eine partnerschaftliche Gleichberechtigung herbeiführen.
> *(aus: Programm der FDP zur Bundestagswahl 2002)*

Bestellnummer 3-507-10349-5

Wahlprogramme der Parteien (2)

> ### Bündnis 90/Die Grünen
> Frauenpolitik betrifft alle politischen Bereiche. Wir treten dafür ein, die Frage der Gleichberechtigung der Geschlechter in allen Entscheidungsprozessen zu etablieren. Wir wollen, dass Frauen und Männer gleichermaßen alle politischen, wirtschaftlichen und gesellschaftlichen Möglichkeiten wahrnehmen können. Und, ganz simpel: Wir wollen, dass Frauen für die gleiche Arbeit das gleiche Geld verdienen wie Männer.
>
> *(aus: Bündnis 90/Die Grünen-Wahlprogramm 2002–2006, Bundesvorstand BÜNDNIS 90/DIE GRÜNEN, Berlin)*

> ### PDS
> Wir treten weiter für die Beseitigung jeder Diskriminierung von Frauen ein. Für uns ist die tatsächlich gleiche Beteiligung beider Geschlechter an politischer und ökonomischer Macht sowie an Erwerbs- und Familienarbeit ein entscheidender Maßstab für die Entwicklung von Demokratie, Selbstbestimmung, Freiheit und Gerechtigkeit. Auf die tatsächlichen Entscheidungen in Politik und Wirtschaft haben Frauen keinen adäquaten Einfluss, und sie sind in den entsprechenden Gremien unterrepräsentiert.
>
> *(aus: PDS-Wahlprogramm 2002, Bundesgeschäftsstelle der PDS, Berlin)*

2. Gib die jeweils wichtigste Forderung in eigenen Worten wieder.

© 2003 Schroedel, Hannover

Bestellnummer 3-507-10349-5

Das Wahlsystem

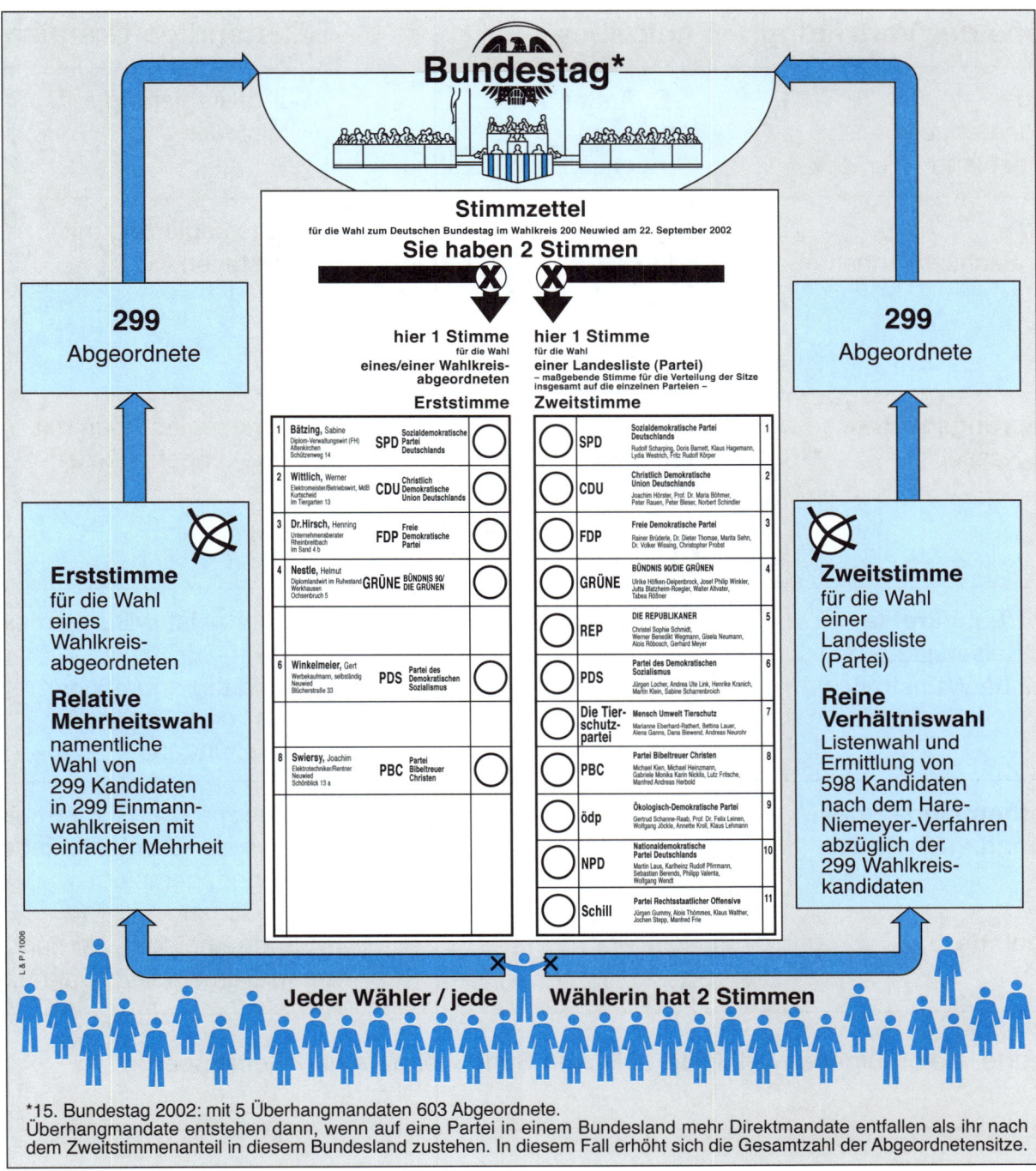

*15. Bundestag 2002: mit 5 Überhangmandaten 603 Abgeordnete.
Überhangmandate entstehen dann, wenn auf eine Partei in einem Bundesland mehr Direktmandate entfallen als ihr nach dem Zweitstimmenanteil in diesem Bundesland zustehen. In diesem Fall erhöht sich die Gesamtzahl der Abgeordnetensitze.

Erkläre mit eigenen Worten, wie das Wahlsystem funktioniert.

Bestellnummer 3-507-10349-5

Aufgabenverteilung zwischen Bund, Ländern und Gemeinden

Ebene der Vertretung	Aufgaben	Zuständige Gremien
Bund Bundesrepublik Deutschland	z. B. Außenpolitik, Verteidigung, Wirtschaft und Arbeit	Bundesregierung mit Ministerien
Land z. B. Sachsen-Anhalt	z. B. Justiz, Bildung, Gesundheit und Soziales, Finanzen, Landwirtschaft und Umwelt	Landesregierung mit Ministerien
Regierungsbezirke z. B. Kassel	z. B. übergeordnete Verwaltungsaufgaben, Museen, großes Krankenhaus im Reg.-Bezirk	Bezirksregierungen mit Verwaltungsbehörden
Stadt/Landkreise z. B. Kaiserslautern/ Südliche Weinstraße	Der Landkreis übernimmt Aufgaben, für die die einzelne Gemeinde zu klein ist, z. B. Krankenhäuser, Schulzentren	Bürgermeister/Bürgermeisterinnen Landräte/Landrätinnen Kreis- und Stadtverwaltungen
Samtgemeinde oder Verbandsgemeinde **Gemeinde**	z. B. Ortsplanung, Straßenbau, Meldewesen, Sport- und Freizeitanlagen, Schulen	Bürgermeister/Bürgermeisterinnen der Samtgemeinden, Verbandsgemeinden und Gemeinden, Samtgemeinde-, Verbands- und Gemeindeverwaltungen

1. Beurteile die Aufgabenverteilung zwischen Bund, Ländern und Gemeinden.

_____

_____

_____

_____

2. Wie ist die Aufgabenverteilung in deinem Bundesland?

_____

_____

_____

Bestellnummer 3-507-10349-5

Rechte und Pflichten

Kind	Eltern
von Geburt an	
– Recht auf Leben – Rechtsfähigkeit – Erbfähigkeit – Recht auf Unterhalt – Recht auf Erziehung	– Sorgerecht – Aufsichtspflicht – Volle Haftung für das Kind – Unterhaltspflicht – Erziehungspflicht
vom vollendeten 6. Lebensjahr an	
– Schulpflicht – Kinobesuch bis 20 Uhr	– Pflicht, das Kind zur Schule zu schicken
vom vollendeten 7. Lebensjahr an	
– Beschränkte Geschäftsfähigkeit – Beschränkte zivilrechtliche Deliktfähigkeit	– Zustimmung zu Rechtsgeschäften – Beschränkte Haftung für das Kind
vom vollendeten 12. Lebensjahr an	
– Bedingte Religionsmündigkeit (Zustimmung bei Religionswechsel) – Kinobesuch bis 22 Uhr	
vom vollendeten 14. Lebensjahr an	
– Bedingte Strafmündigkeit – Religionsmündigkeit – Führerschein für Mofa – Arbeit bis 3 Stunden täglich	– Keine Rechte bezüglich der Religionszugehörigkeit des Jugendlichen
vom vollendeten 16. Lebensjahr an	
– Ehefähigkeit – Eidesfähigkeit – Personalausweispflicht – Führerschein für Kleinkraftrad – Besuch von Gaststätten bis 24 Uhr – Kinobesuch bis 24 Uhr	– Beschränkte Aufsichtspflicht bei öffentlichen Veranstaltungen
vom vollendeten 18. Lebensjahr an	
VOLLJÄHRIGKEIT	– Ende der elterlichen Sorge (Unterhaltspflicht besteht weiter – in der Regel bis zur Beendigung einer angemessenen Ausbildung)

1. Welche Rechte und Pflichten sind dir besonders wichtig? Begründe.

_____

_____

2. Beschreibe wie sich die Rechte und Pflichten von Eltern und ihren Kindern bis zur Volljährigkeit ändern.

_____

_____

Bestellnummer 3-507-10349-5

„Henne" fängt ein neues Leben an

„Ich muss ja dazu stehen"

Henne – unter diesem Namen war der heute 23-Jährige früher bekannt wie ein bunter Hund, besonders in einschlägigen Kreisen. „Ich war überall und nirgendwo. Und irgendwann war ich nur noch nirgendwo."

Das war vor drei Jahren: Henne kam vor Gericht, sollte fünf Monate in den Knast. Er hatte seiner Oma 500 € gestohlen, war betrunken mit dem Auto gefahren, hatte immer wieder geklaut. Seine eigene Familie hat ihn damals angezeigt. Aber Henne hatte Glück: Die Strafe wurde zur Bewährung ausgesetzt. Seitdem stand der Walsroder drei Jahre lang unter der Obhut von Rolf Lange. In ein paar Wochen trennen sich ihre Wege wieder – die Bewährungszeit läuft ab. Henne steht dann auf eigenen Füßen.

An seine wilden Zeiten erinnern äußerlich noch die Tätowierungen, die seine Unterarme zieren.

Henne erzählt: „Ab der 7. Klasse ging das eigentlich los. Ich hatte so eine richtig große Klappe."

In der Clique, die ihn damals umgab, spielte er den starken Mann. Er soff, nahm Drogen, hatte keinen Respekt vor niemandem – auch nicht vor dem Eigentum anderer. Henne brauchte ständig Geld, „um meine Partys zu finanzieren". „Erst als es gescheppert hat, habe ich angefangen nachzudenken.

Ich bin froh, dass mir dann jemand die Hand auf den Schädel gehalten hat", erzählt er von seinen Gefühlen, die er damals nicht zeigen wollte und auch nicht zeigen konnte.

Mit seinem Bewährungshelfer Rolf Lange verbindet ihn heute einiges. Er hat ihn beraten, wenn der Karren wieder im Dreck steckte, der Knast drohte oder er einfach einen rechtlichen Tipp brauchte.

„Ich hab' mich immer verpieselt"

Dabei hatte es der 50-jährige Bewährungshelfer nicht leicht, an Henne heranzukommen. Aus Angst, da komme jetzt jemand, der ihn stundenlang zuquatscht und gängelt, ist Henne vor dem ersten Treffen einfach geflüchtet.

„Ich hab mich immer wieder verpieselt, aber irgendwann stand er dann da", grinst Henne heute bei der Erinnerung an das Versteckspiel von damals. Die regelmäßigen Kontakte mit seinem Bewährungshelfer sieht Henne nicht mehr als Bevormundung: „Im Laufe der Zeit habe ich mich frei gefühlt. Ich habe das nicht als Bewährungshilfe gesehen, sondern mich mit ihm ausgequatscht über Vergangenheit und Zukunft." Auf seinem Weg aus dem Schlamassel hat ihm auch „Tu wat" geholfen, eine Einrichtung, die Arbeitslosen wieder eine Chance gibt zu arbeiten – wenn auch nur für ein paar hundert Euro Gehalt. „Das war hauptsächlich eine Beschäftigung, damit ich nicht auf dumme Gedanken komme." Aber bei „Tu wat" wurden ihm auch Grenzen gesetzt. „Wenn ich da morgens besoffen angekommen wäre, wäre ich rausgeflogen. Und das wollte ich nicht."

Henne denkt mittlerweile in kleinen Schritten. Step by step will er sein Leben wieder in den Griff kriegen. Das erste Ziel hat er erreicht: „Ich bin aus meinem alten, sozialen Milieu rausgekommen." Seine Adresse gehört nicht mehr zu den stadtbekannten Absteigen, um ihn herum ist auch keiner mehr, der ihn wieder runterziehen könnte. Denn das will er ums Verrecken nicht mehr. Jetzt möchte Henne erstmal seinen Führerschein neu machen und später einen richtigen Job haben. Die Sauferei von füher, so sagt er, sei vorbei. „Ich weiß jetzt, wo meine Grenzen sind. Das kann ich mir nicht mehr leisten, sonst ist der Zug abgefahren." Krumme Touren gehören für ihn einer wenig rühmlichen Vergangenheit an. Einer Vergangenheit, für die er sich zumindest bei seiner Oma nicht mehr entschuldigen konnte.

(aus: Walsroder Zeitung, o. J., geändert)

1. Suche die Straftaten heraus, die Henne begangen hat.

_____

_____

_____

2. Welche Strafen hat er bekommen?

_____

_____

_____

3. Nimm Stellung dazu, wie Henne sein Leben wieder in den Griff bekommen will.

_____

_____

_____

Bestellnummer 3-507-10349-5

Ein Strafprozess

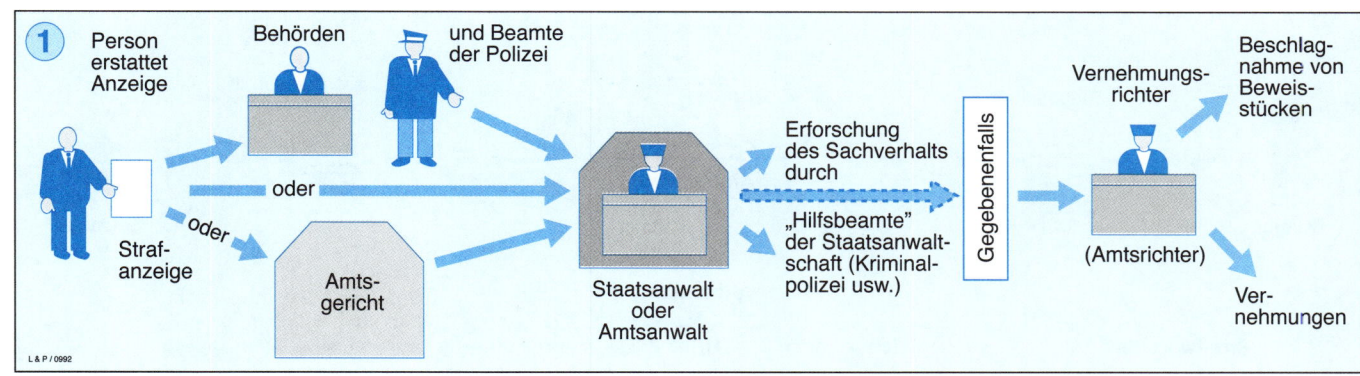

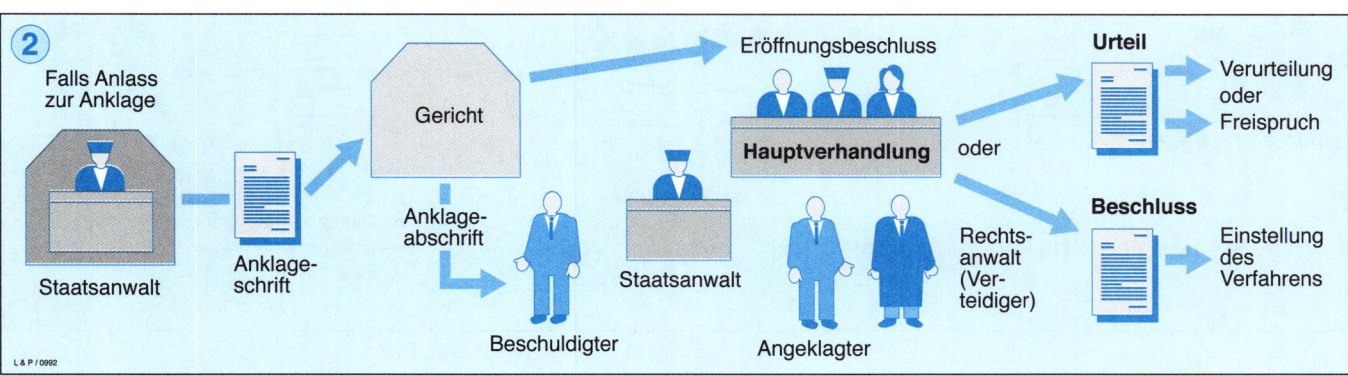

1. Wie kommt es zu einem Strafprozess?

_____

_____

_____

_____

_____

_____

2. Beschreibe den Gang des Verfahrens bei einem Strafprozess (Kasten ②).

_____

_____

_____

_____

_____

_____

Bestellnummer 3-507-10349-5

Ein Zivilprozess

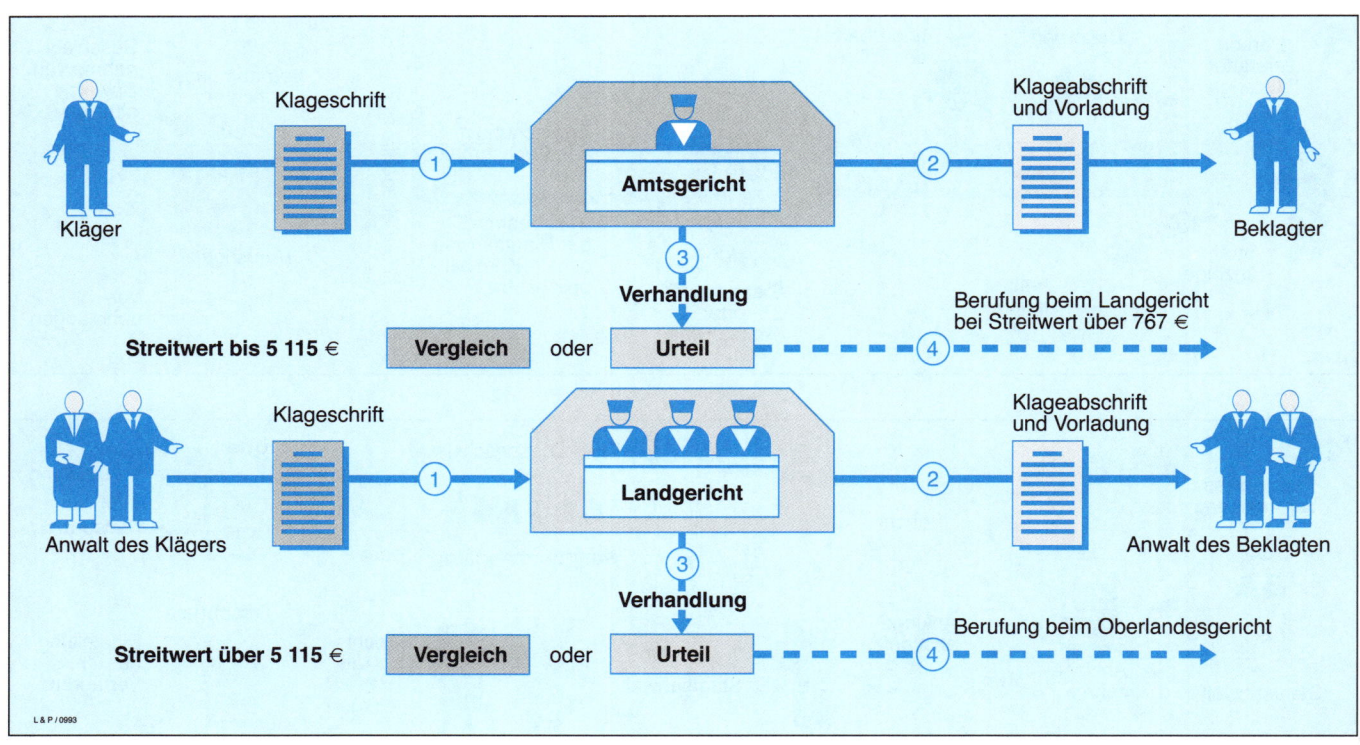

1. Beschreibe, wie es zu einem Zivilprozess kommt.

_____

_____

_____

2. Wann ist das Amtsgericht, wann das Landgericht zuständig?

_____

_____

3. Beschreibe den Gang des Verfahrens bei einem Zivilprozess.

_____

_____

_____

4. Erkläre: Vergleich, Urteil, Berufung.

_____

_____

_____

Bestellnummer 3-507-10349-5

Straf- und Zivilgerichtsbarkeit im Vergleich

STRAFGERICHTSBARKEIT		ZIVILGERICHTSBARKEIT	
zuständig als	Gerichtszusammensetzung	Gerichtszusammensetzung	zuständig als
1. und letzte Instanz für Hoch- und Landesverrat **Revisionsinstanz** für Landgerichte	**Bundesgerichtshof** Strafsenat	Zivilsenat	**Revisionsinstanz** bei Streitwerten über 20.464 €
1. Instanz für Hoch- und Landesverrat **Revisionsinstanz** für Amtsgerichte	**Oberlandesgerichte** Strafsenat Strafsenat	Zivilsenat	**Berufungsinstanz** für Landgerichte, keine Revision mehr möglich gegen Landgerichtsurteile, wenn Landgericht schon 2. Instanz war!
1. Instanz für Mord, Totschlag, Verbrechen und schwere Vergehen **Berufungsinstanz** für Amtsgerichtsurteile **Berufungsinstanz** für Urteile von Einzelrichtern	**Landgerichte** Schwurgericht Große Strafkammer · Jugendkammer Kleine Strafkammer	Kammer für Handelssachen · Zivilkammer	1. Instanz bei Streitwert über 5.115 €
1. Instanz für Verbrechen und Vergehen mit Straferwartung bis zu 4 Jahren Freiheitsentzug 1. Instanz für leichte Vergehen und Ordnungswidrigkeiten, Strafe höchstens 1 Jahr Freiheitsentzug bzw. Geldbußen	**Amtsgerichte** STRAFSACHEN Erweitertes Schöffengericht JUGENDSTRAFSACHEN Schöffengericht · Jugendschöffengericht Einzelrichter · Jugendrichter	ZIVILSACHEN · FAMILIENSACHEN Einzelrichter · Familienrichter	1. Instanz bei Streitwert bis 5.115 €; Mietstreitigkeiten 1. Instanz bei Ehescheidungen und alle Folgeverfahren

Zeichenerklärung: Berufsrichter — ehrenamtliche Richter; Im Strafverfahren: Schöffen

L & P / 0994

1. Vergleiche die Zuständigkeit der verschiedenen Gerichte. Schreibe sie in Stichworten auf.

_____

_____

_____

_____

_____

_____

Gibt es Hilfe?

Die beiden Jugendlichen auf dem Bild sind in einer Notlage. Versuche anhand der Leitfragen das Bild auszuwerten.

© 2003 Schroedel, Hannover

1. Welches Problem haben die beiden Jugendlichen?

_____

_____

2. Welchen Eindruck macht das Bild auf dich?

_____

_____

3. Wie versuchen sie, eine Lösung zu finden?

_____

_____

_____

_____

_____

_____

_____

4. Welche Lösungsmöglichkeiten siehst du für die beiden?

_____

_____

_____

_____

_____

_____

Bestellnummer 3-507-10349-5

Die Prinzipien der sozialen Sicherung

Der Sozialstaat ist nach dem Grundgesetz verpflichtet, die Ziele des sozialen Ausgleichs und der sozialen Sicherheit seiner Bürger anzustreben.

Versicherungsprinzip	Versorgungsprinzip	Fürsorgeprinzip

Jedes Mitglied hat aufgrund der geleisteten Beiträge Anspruch auf Zahlung im Versicherungsfall.
Die Sozialversicherung ist der wichtigste Bereich der sozialen Sicherheit. Zu ihr gehören:
– gesetzliche Rentenversicherung
– gesetzliche Krankenversicherung
– Arbeitslosenversicherung
– gesetzliche Unfallversicherung
	Anspruch auf Leistungen haben Gruppen oder Personen, die besondere Opfer oder Leistungen für die Gesellschaft erbracht haben.
	Zu diesen Leistungen gehören z. B.:
	– Kriegsopferversorgung
	– Entschädigung bei Impfschäden
	– Beamtenversorgung
	– Kindergeld
	  (ohne Einkommensgrenze)
		Jede Person, die sich in einer Notlage befindet, erhält nach Überprüfung der Bedürftigkeit finanzielle Unterstützung.
		Zu diesen Leistungen gehören z. B.:
		– Sozialhilfe
		– Jugendhilfe
		– Wohngeld
		– Kindergeld
		  (bei Einkommensgrenzen)

1. Schreibe den Wortlaut der Artikel 20, Abs. 1 und 28, Abs. 1, Satz 1 des Grundgesetzes auf:

2. Nenne wichtige Merkmale des Sozialstaates und erkläre sie mit eigenen Worten.

Bestellnummer 3-507-10349-5

Ausgaben für die soziale Sicherung in Deutschland

Schreibe zu jeder Leistung auf, wer sie bekommt und woher das Geld kommt. Setze die richtigen Begriffe von unten in die richtige Spalte.

Gesamtleistungen 2001: 663,7 Mrd € (geschätzt)	in Mrd €	Wer bekommt sie?	Wer bezahlt sie?
Renten Alterssicherung	250,5		
für Landwirte	3,3		
Kriegsopferversorgung u. Ä.	2,1		
Betriebsrenten u. Ä.	28,7		
Beamtenversorgung	50,9		
Krankenversicherung	154,0		
Pflegeversicherung	16,8		
Unfallversicherung	13,3		
Arbeitsförderung	64,9		
Lohnfortzahlung	26,8		
Arbeitslosengeld	35,0		
Sozialhilfe	26,3		
Jugendhilfe	17,1		
Kindergeld	0,1		
Erziehungsgeld	3,8		
Ausbildungsförderung	1,3		
Wohngeld	4,5		
Vermögensbildung	13,3		
Steuerliche Vergünstigungen z. B. Wohnungsbauprämien, Baukindergeld)	72,0		

(Quelle: Sozialbericht 2001)

Bezieher sind:
Pensionäre, ältere Menschen, die nicht mehr arbeiten, Arbeitslose, Kriegsversehrte, Menschen, die sich nicht selbst helfen können, Familien mit Kindern, Unfallopfer, Jugendliche, arme Menschen, Arbeitslose, Kranke, Jugendliche, Elternteil, das seine Kinder erzieht

Bezahlt werden die Leistungen durch:
Steuerzahler, Versicherte, Steuerzahler und Eigenleistungen, Arbeitgeber und Arbeitnehmer

© 2003 Schroedel, Hannover

Bestellnummer 3-507-10349-5

Sozialhilfe ist ein Recht und kein Almosen

Warum sie zum Sozialamt gehen

Von je 100 Haushalten, die laufende Hilfe zum Lebensunterhalt* empfangen, erhalten diese aus folgenden Gründen:

WEST			OST	
30	Arbeitslosigkeit		Arbeitslosigkeit	54
Zu geringe Rente	10		3	Zu geringe Rente
Tod oder Ausfall des Ernährers	10	**SOZIALAMT**	1	Tod oder Ausfall des Ernährers
Zu geringes Einkommen	7		6	Zu geringes Einkommen
Krankheit	5		2	Krankheit
sonstige Gründe	38		34	sonstige Gründe

Quelle: Stat. Bundesamt

*außerhalb von Einrichtungen

L & P / 0995

© GLOBUS/2903

1. Schreibe auf, aus welchem Grunde Menschen gezwungen sein können, Sozialhilfe zu beantragen.

_____

_____

_____

_____

2. Erkläre die Unterschiede zwischen West- und Ostdeutschland.

_____

_____

_____

_____

3. „Sozialhilfe ist ein Recht und kein Almosen." Begründe.

_____

_____

_____

_____

Bestellnummer 3-507-10349-5

43

Vergleich von Sozialhilfe und Arbeitseinkommen

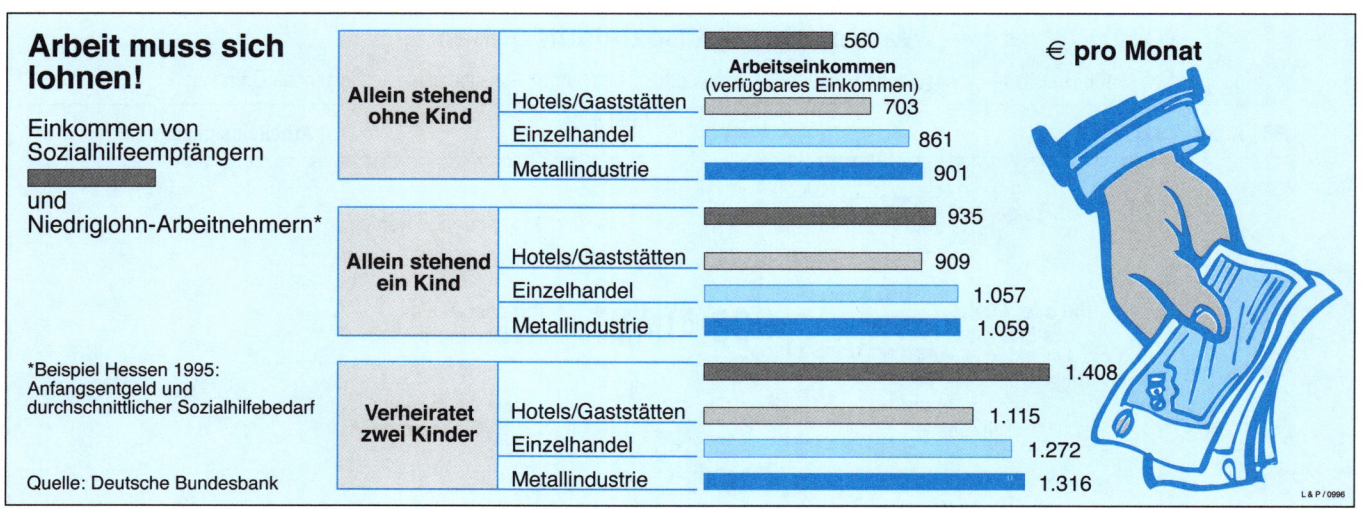

Arbeit muss sich lohnen!

Einkommen von Sozialhilfeempfängern

und Niedriglohn-Arbeitnehmern*

*Beispiel Hessen 1995: Anfangsentgelt und durchschnittlicher Sozialhilfebedarf

Quelle: Deutsche Bundesbank

€ pro Monat

Arbeitseinkommen (verfügbares Einkommen)

Allein stehend ohne Kind		
		560
Hotels/Gaststätten		703
Einzelhandel		861
Metallindustrie		901

Allein stehend ein Kind		
		935
Hotels/Gaststätten		909
Einzelhandel		1.057
Metallindustrie		1.059

Verheiratet zwei Kinder		
		1.408
Hotels/Gaststätten		1.115
Einzelhandel		1.272
Metallindustrie		1.316

L & P / 0996

1. Setze die Angaben des Schaubildes in eine Tabelle um.

Einkommen aus Niedriglohnarbeit und Sozialhilfe			
	Allein stehend ohne Kind	**Allein stehend mit Kind**	**Verheiratet mit 2 Kindern**
Sozialhilfe			

2. Vergleiche Niedriglohn und Sozialhilfe bezogen auf die drei Fallgruppen.

_____

_____

_____

_____

3. *„Arbeit muss sich wieder lohnen!"* Erkläre, was damit gemeint sein könnte, und nimm Stellung dazu.

_____

_____

_____

_____

© 2003 Schroedel, Hannover

Bestellnummer 3-507-10349-5

Wir werten den Lebensbaum des deutschen Volkes aus

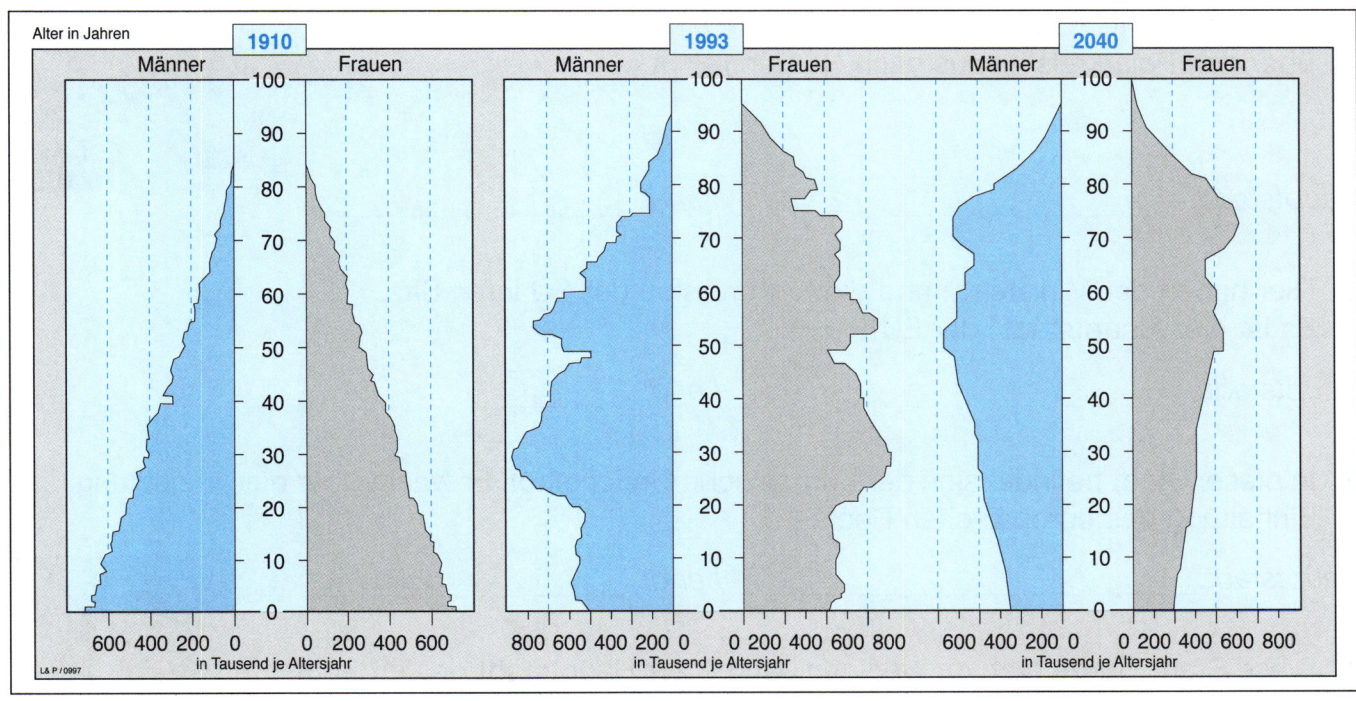

1. Begründe den Satz: *„Die Deutschen werden immer älter"* anhand der Bevölkerungspyramide (Lebensbaum).

_____

_____

_____

_____

_____

2. Zeichne dein Lebensalter für 1993 und 2040 in den Lebensbaum ein.

3. Welche Bedeutung haben die Prognosen für 2040 für die soziale Sicherheit der dann über 65-Jährigen?

_____

_____

_____

_____

_____

_____

_____

Bestellnummer 3-507-10349-5

Kennst du diese europäischen Hauptstädte?

1. Die nördlichste Hauptstadt der EU liegt in einem Land. das bis weit über den Polarkreis hinaus nach Norden reicht.

Hauptstadt: _____ *Land:* _____

2. Hier haben der Ministerrat und die Kommission der EU ihren Sitz. Es ist die „Hauptstadt" der EU.

Hauptstadt: _____ *Land:* _____

3. In dieser Stadt befindet sich der Europäische Gerichtshof. Er wacht über die Umsetzung und Einhaltung des europäischen Rechts.

Hauptstadt: _____ *Land:* _____

4. Diese Stadt wurde erst vor wenigen Jahren zur Hauptstadt des größten Staates der EU.

Hauptstadt: _____ *Land:* _____

5. Die Hauptstadt dieses Landes im Südwesten Europas liegt auf einem steppenähnlichen Hochland.

Hauptstadt: _____ *Land:* _____

6. Die Hauptstadt dieses Landes ist berühmt für seine großen Paläste, sein gutes Essen und seine Mode. Gemeinsam mit Deutschland bildet dieser Staat den „Motor der europäischen Einigung".

Hauptstadt: _____ *Land:* _____

7. In der Mitte dieser Stadt im Südosten liegt ein berühmtes Bauwerk des Altertums: die Akropolis.

Hauptstadt: _____ *Land:* _____

8. Dieser Staat liegt auf der größten Insel Westeuropas. Bis vor rund einem halben Jahrhundert wurde von seiner Hauptstadt aus ein weltumspannendes Imperium regiert.

Hauptstadt: _____ *Land:* _____

© 2003 Schroedel, Hannover

Bestellnummer 3-507-10349-5

Die Erweiterung der Europäischen Union (1)

1957 Gründung

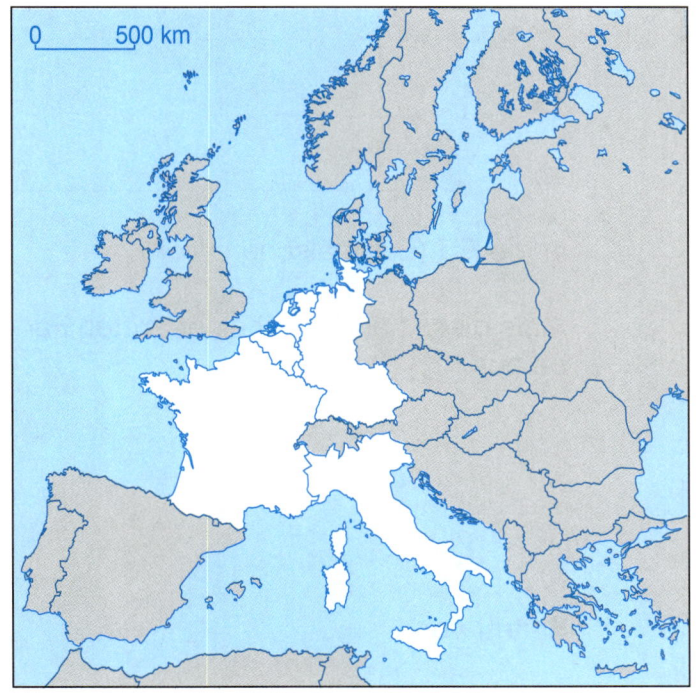

Gründungsstaaten der **EWG** (Europäische Wirtschaftsgemeinschaft):

1. _____

2. _____

3. _____

4. _____

5. _____

6. _____

Male die Länder mit einer Farbe an. Übertrage diese Farbgebung in die anderen Karten.

1973–1986 Nord- und Süderweiterung

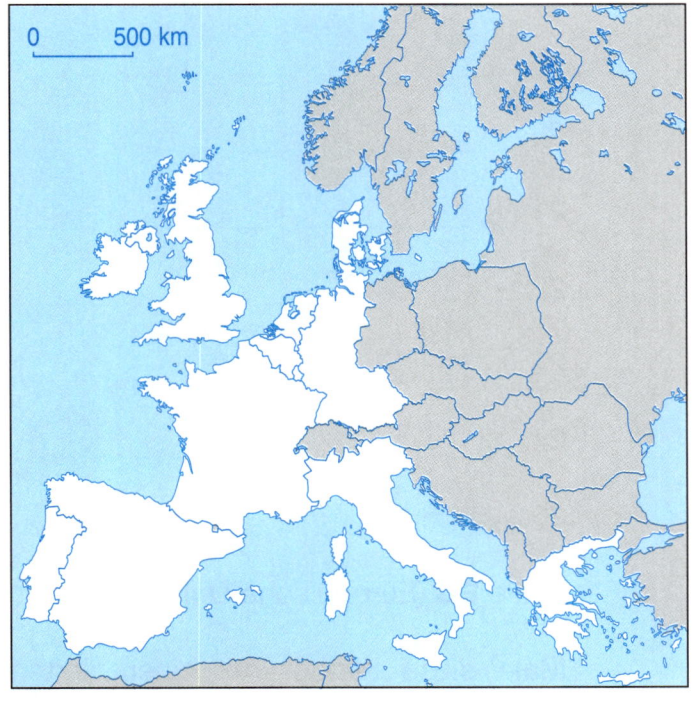

Beitritt von:

7. _____

8. _____

9. _____

10. _____

11. _____

12. _____

in die **EG** (Europäische Gemeinschaft)

Nimm eine weitere Farbe hinzu und bemale die neuen Beitrittsländer. Übertrage dann die Farbe in die Karte für 1995.

Bestellnummer 3-507-10349-5

Die Erweiterung der Europäischen Union (2)

© 2003 Schroedel, Hannover

1995 2. Norderweiterung

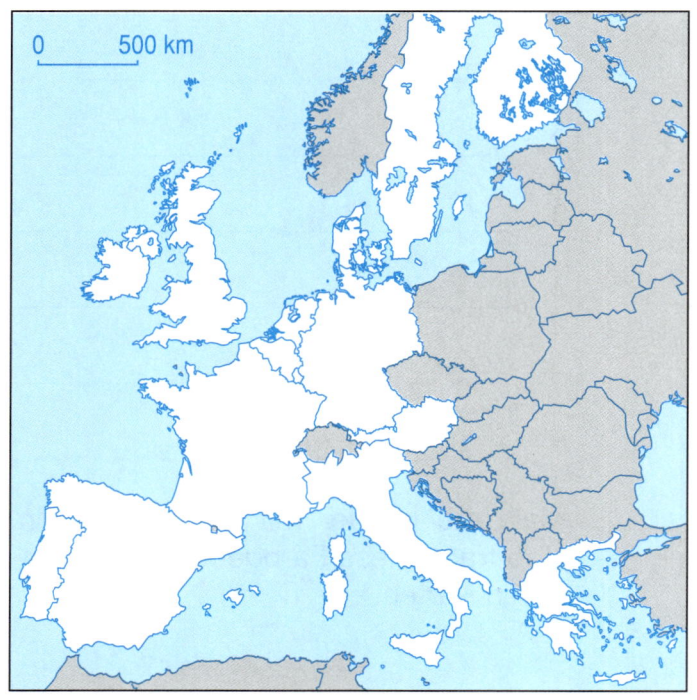

Beitritt von:

13. _____

14. _____

15. _____

in die **EU** (Europäische Union)

Male diese Länder mit einer dritten Farbe aus.

2004 Osterweiterung

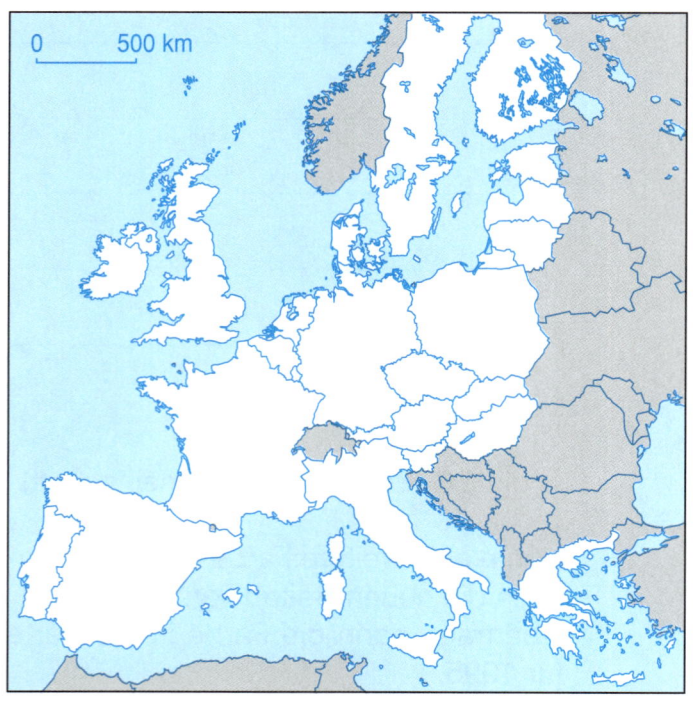

Beitritt von:

16. _____

17. _____

18. _____

19. _____

20. _____

21. _____

22. _____

23. _____

24. _____

25. _____

in die **EU** (Europäische Union)

Male diese Länder mit einer vierten Farbe aus.

Am 01.01.2007 wurden Rumänien und Bulgarien als 26. und 27. Mitgliedsstaat in die EU aufgenommen. Bemale sie mit einer weiteren Farbe.

Bestellnummer 3-507-10349-5

Osterweiterung der EU

Kroatien und die Türkei haben einen Antrag auf Mitgliedschaft in der Europäischen Union gestellt. Bereits seit mehreren Jahren wird mit diesen zwei Staaten über einen Beitritt verhandelt.

Voraussetzungen für die Mitgliedschaft in der Europäischen Union:
– eine stabile Demokratie, in der die Rechtsstaatlichkeit, die Wahrung der Menschenrechte und der „Schutz der Minderheiten" gewährleistet werden,
– eine funktionierende Marktwirtschaft
– die Übernahme, Anwendung und Durchsetzung des Gemeinschaftsrechts der EU. Das gemeinsame Recht umfasst die gesamte Gesetzgebung der EU aus den letzten vierzig Jahren. Dazu gehört eine öffentliche Verwaltung, die in der Lage ist, die EU-Vorschriften anzuwenden und ihre Einhaltung sicherzustellen.

Die Europäische Union unterstützt die Bewerberländer bei der Erfüllung dieser Voraussetzungen.
Nachrichten, Dokumente und sonstige Informationen über die Erweiterung der Europäischen Union kannst du der folgenden Webseite entnehmen: www.europa.eu.int/comm/enlargement.

1. Wann kann ein Land Mitglied der EU werden?

_____

_____

_____

2. Beschreibe die Karikatur nach den Arbeitsschritten auf S. 22. Welche Aussage macht sie?

_____

_____

Bestellnummer 3-507-10349-5

Wichtige Daten zur Europäischen Einigung

1957	
1967	
1973	
1979	
1986	
1990	
1993	
1994	
1995	
1998	
2002	
2004	
2007	

Schreibe zu jeder Jahreszahl auf, welches Ereignis sich in diesem Jahr in Bezug auf die Entwicklung der Europäischen Gemeinschaft zugetragen hat. Achtung: für das Jahr 1986 gibt es zwei Eintragungen! Nimm dein Buch zuhilfe.

Bestellnummer 3-507-10349-5

Die Organe der EU

Beschreibe die Aufgaben der einzelnen Organe der Europäischen Union in eigenen Worten.

Europäisches Parlament
785 Mitglieder,
(fünfjährige Wahlperiode, Präsident und Präsidium werden jeweils für zweieinhalb Jahre gewählt)
Aufforderung zur Gesetzgebung, Mitwirkung an der Gesetzgebung; mit Rat gemeinsam Haushaltsbehörde, politische und finanzielle Kontrolle, Zustimmung zu Beitritten, Assoziierungen und Verträgen: Anhörung vor der Benennung eines neuen Kommissionspräsidenten; Bestätigung einer neuen Kommission durch Abstimmung; Ernennung der Bürgerbeauftragten

Europäische Kommission
27 Mitglieder,
Präsident der Kommission, 5 Vizepräsidenten, Amtsdauer fünf Jahre,
Einbringung von Gesetzentwürfen (Initiativrecht), Durchführung von Gemeinschaftspolitiken, Kontrolle der Umsetzung von Gemeinschaftsgesetzen, Verwaltung

Europäischer Gerichtshof
27 Richter, 8 Generalanwälte,
sechsjährige Amtszeit, Gericht erster Instanz, Auslegung, Anwendung der Verträge und der Gesetzgebung,
Wahrung des Gemeinschaftsrechts, Entscheidung bei Streitfällen

Europäisches Parlament

_____

Europäische Kommission

_____

Europäischer Gerichtshof

_____

© 2003 Schroedel, Hannover

Bestellnummer 3-507-10349-5

Kennst du dich mit Europa aus?

In diesem Zahlenrätsel sind die Zahlen so durch Buchstaben zu ersetzen, das gleiche Zahlen gleiche Buchstaben bedeuten. (z. B. 10 = A)

1. Geografische Begrenzung Europas im Westen:

10	3	7	10	6	3	11	20

2. Geografische Begrenzung Europas im Osten:

2	18	10	7	21	13	24	11	18	21	13

3. Die EU umfasst geografisch Nord-, West-, Süd- und

4	11	3	3	13	7	13	2	18	1	17	10

4. In welcher Stadt hat das EP seinen ständigen Sitz?

22	3	18	10	32	24	2	18	21

5. Aus wie vielen Staaten kommen die Abgeordneten in das EP?

22	11	13	24	13	6	2	6	9	34	35	10	6	34	11	21

6. Geschichtlich gesehen stand die Wiege der europäischen Kultur in

21	18	11	13	8	12	13	6	7	10	6	9

7. In Brüssel ist der Sitz der europäischen

20	1	4	4	11	22	22	11	1	6

8. Das wichtige Vertragswerk für Europa von 1992 heißt: Vertrag von

4	10	10	22	3	18	11	8	12	3

9. Seit 1993 ist der

24	11	6	6	13	6	4	10	18	20	3	vollendet.

10. Die Zusammenkunft der 15 Regierungschefs heißt

13	2	18	1	17	33	11	22	8	12	13	18	18	10	3

© 2003 Schroedel, Hannover

Bestellnummer 3-507-10349-5

Wehrpflicht und Kriegsdienstverweigerung

Die Wehrpflicht steht für die Bereitschaft der Bürger, persönlich Mitverantwortung für den Schutz ihres Staates zu übernehmen. Sie wurde während der Französischen Revolution 1792 eingeführt. Damals bedrohten die Heere ihrer Gegner die Ziele der Revolution: Freiheit, Gleichheit und Brüderlichkeit.

In den vergangenen 40 Jahren haben über acht Millionen junge Männer in der Bundeswehr ihren Dienst für die Gemeinschaft geleistet. Sie haben damit geholfen, die Bundesrepublik vor äußere Gefahren zu schützen.

Über die Wehrpflicht bleibt die Bundeswehr in engem Kontakt mit der gesamten Bevölkerung, vor allem mit der jungen Generation. Sie fördert den Austausch junger Menschen aus den östlichen und westlichen Bundesländern. Damit trägt die Bundeswehr auch zur inneren Einheit Deutschlands bei.

Das Recht auf Kriegsdienstverweigerung wurde 1949 in das Grundgesetz aufgenommen (Art. 4, Abs. 3, GG). Es besagt, dass niemand „gegen sein Gewissen zum Kriegsdienst mit der Waffe" gezwungen werden kann. Eine einfache Wahlfreiheit zwischen Wehrdienst und zivilem Ersatzdienst gibt es nicht. Das „Nein" zum Wehrdienst ist nur möglich, wenn man den Dienst mit der Waffe nicht mit seinem Gewissen vereinbaren kann.

Durchschnittlich jeder Dritte eines Geburtsjahrgangs verweigert den Dienst mit der Waffe.

Zivildienstleistende müssen häufig Situationen bewältigen, die schwere seelische und körperliche Belastungen mit sich bringen. Der Umgang mit Behinderten, Alten, Kranken und Sterbenden verlangt große menschliche Qualitäten: Geduld, Freundlichkeit, Nächstenliebe. Gesellschaftlich wichtig und wertvoll sind beide Dienste. Der Zivildienst ist heute ein bedeutender Faktor im sozialen System unseres Landes. Es gilt der Grundsatz, dass der Zivildienstleistende im Vergleich zum Wehrdienstleistenden weder besser noch schlechter gestellt werden darf.

1. Lies den Text und unterstreiche dir unbekannte Wörter mit Bleistift. Kläre ihre Bedeutung.
2. Lies den Text noch einmal und unterstreiche seine wichtigsten Aussagen. Schreibe sie hier auf:

_____

_____

_____

3. Stell gegenüber: *Aufgaben von Wehrpflichtigen – Aufgaben von Zivildienstleistenden*

_____

_____

_____

4. Welche Meinung hast du zur Wehrpflicht und zum Zivildienst?

_____

_____

_____

Bestellnummer 3-507-10349-5

Die NATO im Wandel

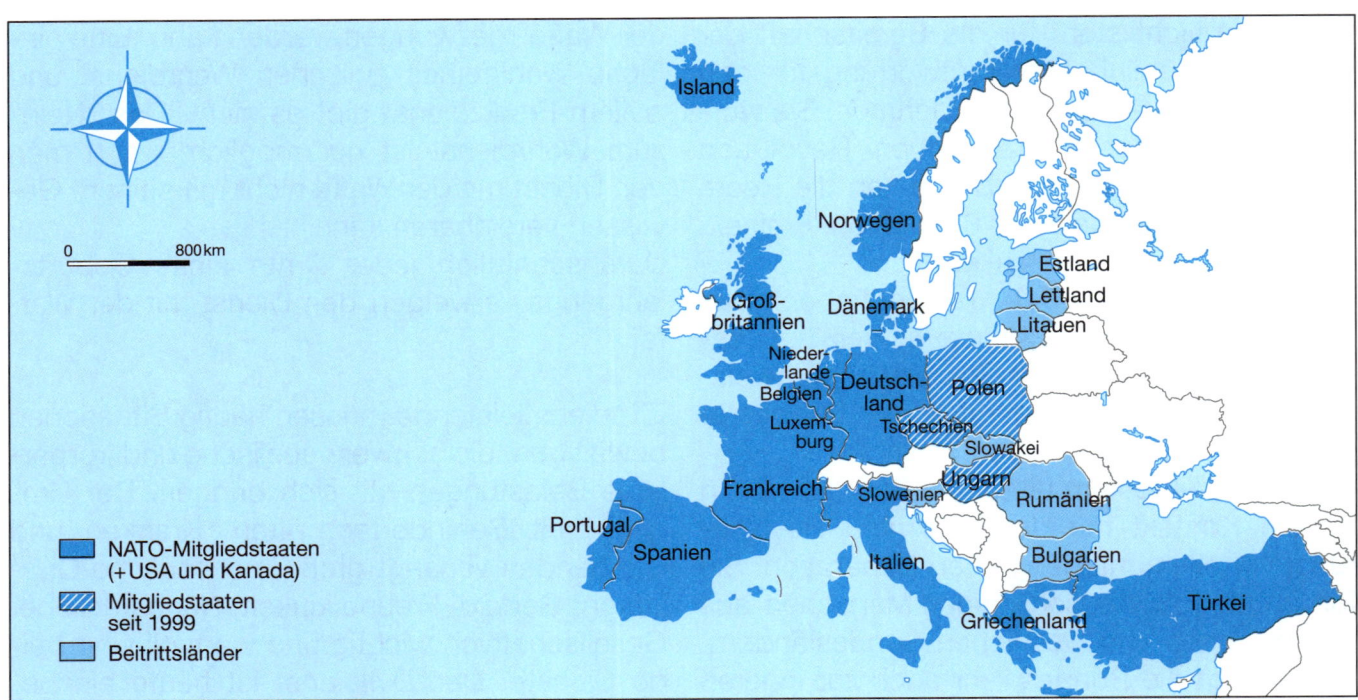

Frieden stiften mit neuen Konzepten
Nordatlantisches Verteidigungsbündnis vollzieht grundlegenden Wandel

Brüssel, eigener Bericht. Seit der Gründung der NATO 1949 war es das Ziel des Bündnisses, das militärische Gleichgewicht in Europa zu wahren. „Frieden durch Abschreckung" lautete die Strategie.

Nach den Umwälzungen in Osteuropa seit 1989 legte die NATO neue Aufgaben für sich fest. Einsätze in Krisengebieten und der Kampf gegen den Terrorismus gehören für das Bündnis inzwischen zu den Zielen.

1992 beschloss die Allianz, die Vereinten Nationen bei friedenserhaltenden Einsätzen zu unterstützen.

Im NATO-Vertrag heißt es zu den Zielen der Bündnispartner:

„Sie sind entschlossen, die Freiheit, das gemeinsame Erbe und die Zivilisation ihrer Völker, die auf den Grundsätzen der Demokratie, der Freiheit der Person und der Herrschaft des Rechts beruhen, zu gewährleisten."

Die NATO versteht sich als defensive Allianz. Sie beruft sich auf das Recht auf Selbstverteidigung in Artikel 51 der Satzung der Vereinten Nationen. Artikel 5 des Vertrages schreibt die Beistandspflicht fest.

Nach dem Abschluss der Osterweiterung 2004 hat die NATO 26 Mitgliedsstaaten.

1. Lies den Text und unterstreiche dir unbekannte Wörter mit Bleistift. Kläre ihre Bedeutung.
2. Lies den Text noch einmal. Unterstreiche die wichtigen Aussagen des Zeitungstextes.
3. Fass zusammen: Wie verändert sich die NATO?

© 2003 Schroedel, Hannover

Bestellnummer 3-507-10349-5

Die NATO

1. Schreibe die Mitgliedsstaaten auf. Male sie mit blauer Farbe an.

1.	2.	3.	4.
5.	6.	7.	8.
9.	10.	11.	12.
13.	14.	15.	16.
17.	18.	19.	

2. Zähle die neuen NATO-Mitgliedsstaaten auf. Male sie in der Karte an.

a	b	c	d
e	f	g	

3. Recherchiere im Internet unter www.bundeswehr.de in welchen Krisenherden der Welt die Bundeswehr im Einsatz ist. Schreibe die Länder und Kontinente auf.

_____

_____

4. Markiere diese Länder farbig.

Bestellnummer 3-507-10349-5

Aufgaben der UNO

Dem **Sicherheitsrat** gehören 15 Staaten an, darunter fünf als *Ständige Mitglieder* (China, Frankreich, Großbritannien, Russland, USA). Die zehn *Nichtständigen Mitglieder* werden jeweils für zwei Jahre von der **Generalversammlung** gewählt. Die Bundesrepublik Deutschland war mehrmals für zwei Jahre als *Nichtständiges Mitglied* im Sicherheitsrat, zuletzt bis 2004.

Die Vereinten Nationen sind das einzige weltweite System kollektiver Sicherheit und die wichtigste Organisation für die Sicherung des Friedens in der Welt. Dafür hat der Sicherheitsrat weitreichende Kompetenzen.

1. Zur friedlichen Beilegung von Streitigkeiten, deren Fortdauer geeignet ist, den Weltfrieden zu gefährden, sollen solche Streitigkeiten zunächst durch „Verhandlung, Untersuchung, Vermittlung, Vergleich, Schiedsspruch, gerichtliche Entscheidung, Inanspruchnahme regionaler Einrichtungen oder Abmachungen oder durch andere friedliche Mittel eigener Wahl" beigelegt werden.

2. Die Verhängung kollektiver Vorbeugungs- und Zwangsmaßnahmen sind erst bei einem Friedensbruch, einer Friedensbedrohung oder einer anderen Angriffshandlung möglich. Es können Wirtschaftsembargen, die Unterbrechung von Verkehrs- und Kommunikationswegen sowie der Abbruch diplomatischer Beziehungen verhängt werden. Erst wenn diese Maßnahmen nicht ausreichen, ist der Einsatz militärischer Mittel – Demonstration, Blockade und der Einsatz von Streitkräften – vorgesehen.

Darüber hinaus haben sich zwei unterschiedliche Arten von Friedensmissionen herausgebildet, nämlich die *friedensschaffenden* (peace-making-operation) und die *friedenssichernden* (peace-keeping-operation) Maßnahmen. *Friedensschaffend* sind Maßnahmen, die einen akut bedrohten oder gebrochenen Frieden durch militärische Zwangsmaßnahmen sichern oder wieder herstellen sollen.

Friedenssichernde bzw. *erhaltende Maßnahmen* sind Einsätze von strikt neutralen Truppen und militärischen Beobachtermissionen der UNO, die zwischen den feindlichen Truppen stationiert werden, um die Einhaltung eines Waffenstillstandes zu überwachen, zwischen den gegnerischen Parteien zu vermitteln und bei wieder ausbrechenden Kampfhandlungen zur Wiederherstellung des Friedens beizutragen.

Die **UN-Friedenstruppen** – wegen der Farbe ihrer Kopfbedeckung Blauhelme genannt – bestehen aus bewaffneten Einheiten von Mitgliedsstaaten. Ihr Einsatz ist nur mit Einverständnis aller Konfliktparteien möglich und bedarf ferner einer Resolution des Sicherheitsrates.

Der **Generalsekretär** übernimmt die Leitung der Operation. Die UN-Mitgliedsstaaten stellen freiwillig Truppenkontingente, Polizeibeamte und Verwaltungspersonal bereit. Der Waffeneinsatz erfolgt ausschließlich zur Selbstverteidigung.

(aus: Presse- u. Informationsamt der Bundesregierung: UNO, Deutschland und die Vereinten Nationen, S. 8 f.)

1. Schreibe auf, welche Staaten dem Sicherheitsrat der UNO angehören.

2. Welche Maßnahmen kann der Sicherheitsrat beschließen, wenn der Frieden gefährdet ist?

3. Unterscheide: Friedensschaffende und friedenserhaltende Maßnahmen.

4. Gib ein aktuelles Beispiel für den Einsatz von UNO-Maßnahmen.

Bestellnummer 3-507-10349-5

Die Friedensmissionen der UNO

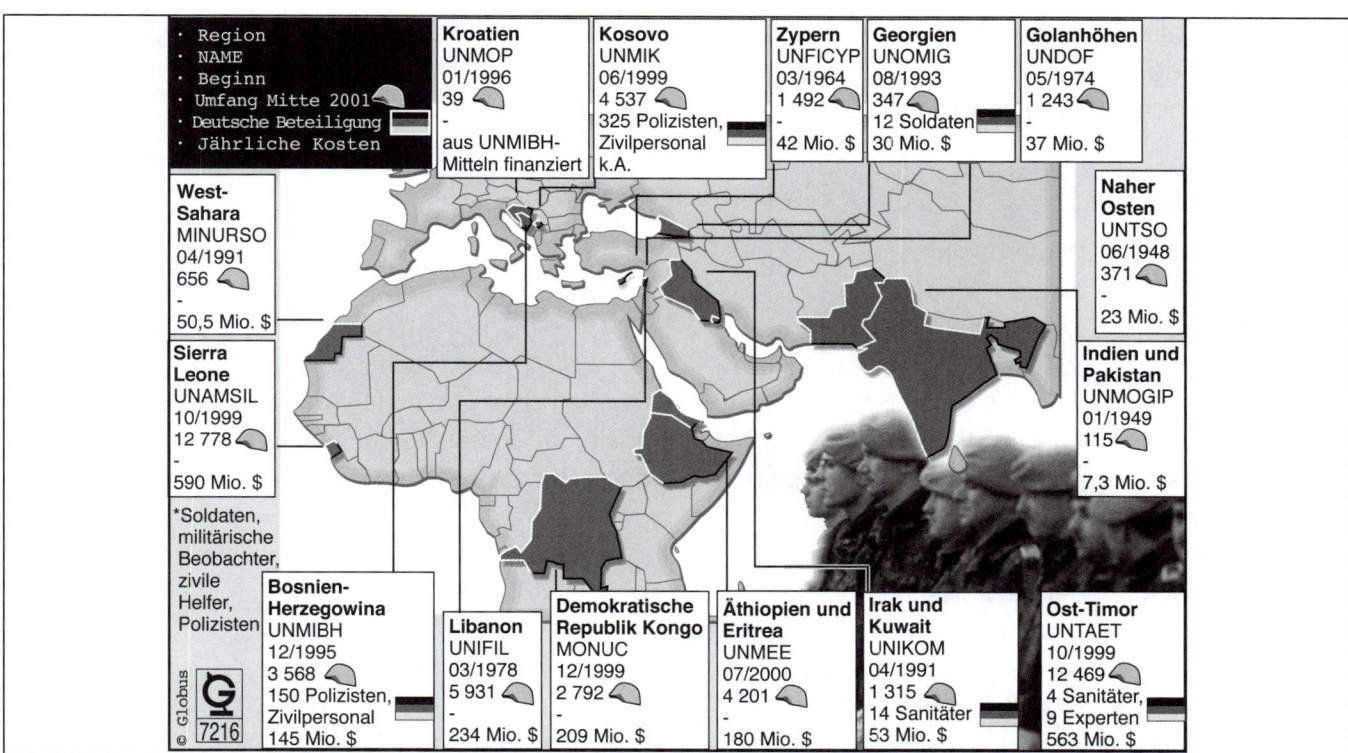

- Region
- NAME
- Beginn
- Umfang Mitte 2001
- Deutsche Beteiligung
- Jährliche Kosten

Kroatien
UNMOP
01/1996
39
-
aus UNMIBH-Mitteln finanziert

Kosovo
UNMIK
06/1999
4 537
325 Polizisten, Zivilpersonal
k.A.

Zypern
UNFICYP
03/1964
1 492
-
42 Mio. $

Georgien
UNOMIG
08/1993
347
12 Soldaten
30 Mio. $

Golanhöhen
UNDOF
05/1974
1 243
-
37 Mio. $

West-Sahara
MINURSO
04/1991
656
-
50,5 Mio. $

Naher Osten
UNTSO
06/1948
371
-
23 Mio. $

Sierra Leone
UNAMSIL
10/1999
12 778
-
590 Mio. $

Indien und Pakistan
UNMOGIP
01/1949
115
-
7,3 Mio. $

*Soldaten, militärische Beobachter, zivile Helfer, Polizisten

Bosnien-Herzegowina
UNMIBH
12/1995
3 568
150 Polizisten, Zivilpersonal
145 Mio. $

Libanon
UNIFIL
03/1978
5 931
-
234 Mio. $

Demokratische Republik Kongo
MONUC
12/1999
2 792
-
209 Mio. $

Äthiopien und Eritrea
UNMEE
07/2000
4 201
-
180 Mio. $

Irak und Kuwait
UNIKOM
04/1991
1 315
14 Sanitäter
53 Mio. $

Ost-Timor
UNTAET
10/1999
12 469
4 Sanitäter, 9 Experten
563 Mio. $

© Globus 7216

1. Setze das Schaubild in die folgende Tabelle um.

Regionaler Konflikt	Anzahl der Truppen	Jährliche Kosten

2. Suche in einer aktuellen Tageszeitung Berichte über einen Konflikt. Schreibe in Stichworten auf, was du darüber erfahren hast.

Frieden

Heute sind alle Teile der Welt in vielerlei Weise voneinander abhängig. Deshalb bergen alle Krisen und Kriege die Gefahr in sich, Lebensgrundlagen auch in weit entfernten und nicht beteiligten Kontinenten oder Ländern zu verändern oder zu zerstören.

Ein bisschen Frieden

Wie eine Blume am Winterbeginn,
so wie ein Feuer im eisigen Wind,
wie eine Puppe, die keiner mehr mag,
fühl ich mich an manchem Tag.
Dann seh ich die Wolken, die über uns sind und höre
die Schreie der Vögel im Wind.
Ich singe aus Angst vor dem Dunkeln ein Lied und
hoffe, das nichts geschieht.

Ein bisschen Frieden, ein bisschen Sonne,
für diese Erde, auf der wir wohnen.
Ein bisschen Frieden, ein bisschen Freude,
ein bisschen Wärme, das wünsch ich mir!
Ein bisschen Frieden, ein bisschen träumen,
und dass die Menschen nicht so oft weinen,

ein bisschen Frieden, ein bisschen Liebe,
dass ich die Hoffnung nie mehr verlier.

Ich weiß, meine Lieder, die ändern nicht viel.
Ich bin nur ein Mädchen, das sagt, was es fühlt.
Allein bin ich hilflos, ein Vogel im Wind,
der spürt, das der Sturm beginnt.

Ein bisschen Frieden, ein bisschen Sonne, [...]

Singt mit mir ein kleines Lied!
Dass die Welt in Frieden lebt.
Singt mit mir ein kleines Lied!
Dass die Welt in Frieden lebt.

Musik: Ralph Siegel, Text Bernd Meinunger. 1982 by Edition Meridian

1. Was genau wünscht sich die Schlagersängerin Nicole? – Was fühlt sie?

_____

_____

_____

_____

2. Was singt sie über den Frieden?

_____

_____

_____

3. Welche Ansicht hast du über den Frieden?

_____

_____

_____

_____

Bitte an junge Menschen

„Lassen Sie sich nicht hineintreiben in
Feindschaft und Hass
gegen andere Menschen
gegen Russen oder Amerikaner
gegen Juden oder Türken
gegen Alternative oder Konservative
gegen Schwarz oder Weiß.
Lernen Sie, miteinander zu leben,
nicht gegeneinander."

Bundespräsident Richard von Weizsäcker am 8. Mai 1985 zum 40. Jahrestag der Beendigung des Krieges und der nationalsozialistischen Gewaltherrschaft

Die Kluft zwischen Arm und Reich wächst

Die ärmsten 20%

Die reichsten 20%

1,4% des Welteinkommens

85% des Welteinkommens

1. Gib die Aussage der Grafik in zwei Sätzen wieder.

_____

_____

_____

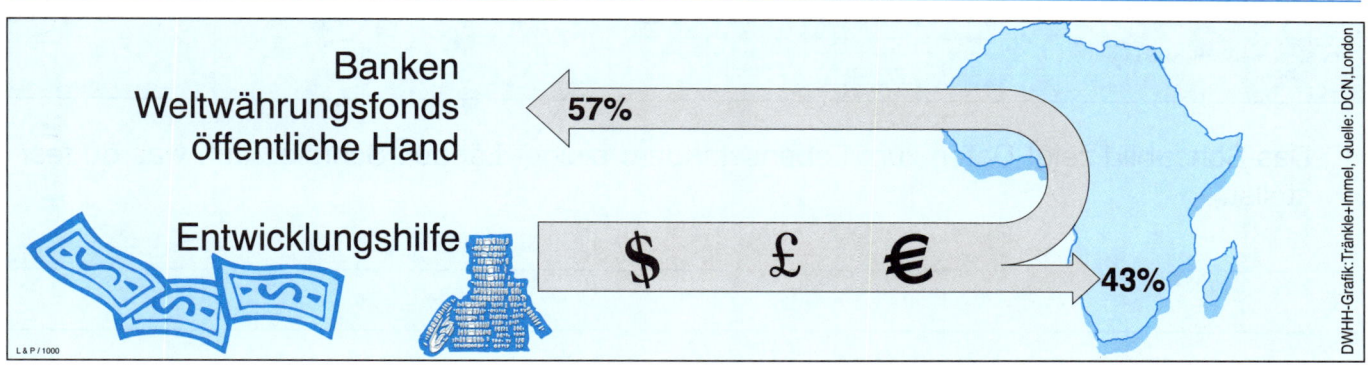

Banken
Weltwährungsfonds
öffentliche Hand

57%

Entwicklungshilfe

$ £ €

43%

2. Wem hilft die Entwicklungshilfe?

_____

_____

_____

3. Die Kluft zwischen Arm und Reich wächst. Begründe.

_____

_____

_____

_____

Bestellnummer 3-507-10349-5

Lebensstandard einiger Länder im Vergleich

	Deutschland 2002: 82 Mio Einwohner 2050: 70,8 Mio	USA 1990: 288,5 Mio Einwohner 2025: 397,1 Mio	China 1990: 1294,4 Mio Einwohner 2025: 1462,1 Mio	Indien 1990: 1041,1 Mio Einwohner 2025: 1572,1 Mio	Kenia 1990: 31,9 Mio Einwohner 2025: 55,4 Mio
Kinder Ein Symbol entspricht einem Kind pro Frau					
Lebenserwartung Ein Symbol entspricht zehn Lebensjahren	1 2 3 4 5 6 7 8	1 2 3 4 5 6 7	1 2 3 4 5 6	1 2 3 4 5	1 2 3 4 5
Bruttosozialprodukt Ein Symbol entspricht 500 US-Dollar Bruttosozialprodukt pro Jahr und Einwohner					
Energieverbrauch Ein Symbol entspricht dem Verbrauch von 150 Kilogramm Öl pro Jahr und Einwohner					
Autos Ein Symbol entspricht einem Automobil je 100 Einwohner					
Wasserverbrauch Ein Symbol entspricht dem Verbrauch von 25 Kubikmeter Wasser pro Jahr und Einwohner (ohne Landwirtschaft)					
Klimaveränderung Ein Symbol entspricht dem zusätzlichen Treibhauseffekt von einer Tonne Kohlendioxid pro Jahr und Einwohner					
Militärausgaben Ein Symbol entspricht 40 US-Dollar pro Jahr und Einwohner					
Ärzte Ein Symbol entspricht einem Arzt je 5000 Einwohner					

© GEO-Graphik / ZEIT-Graphik

1. Das Schaubild zeigt Daten zum Lebensstandard einiger Länder. Schreibe auf, was du feststellst.

_____

_____

_____

_____

_____

2. *„Die Reichen sind die Last der Erde."* Gib eine Erklärung zu dieser Aussage.

_____

_____

_____

_____

© 2003 Schroedel, Hannover

Bestellnummer 3-507-10349-5

Ungleicher Handel – ein Rückblick

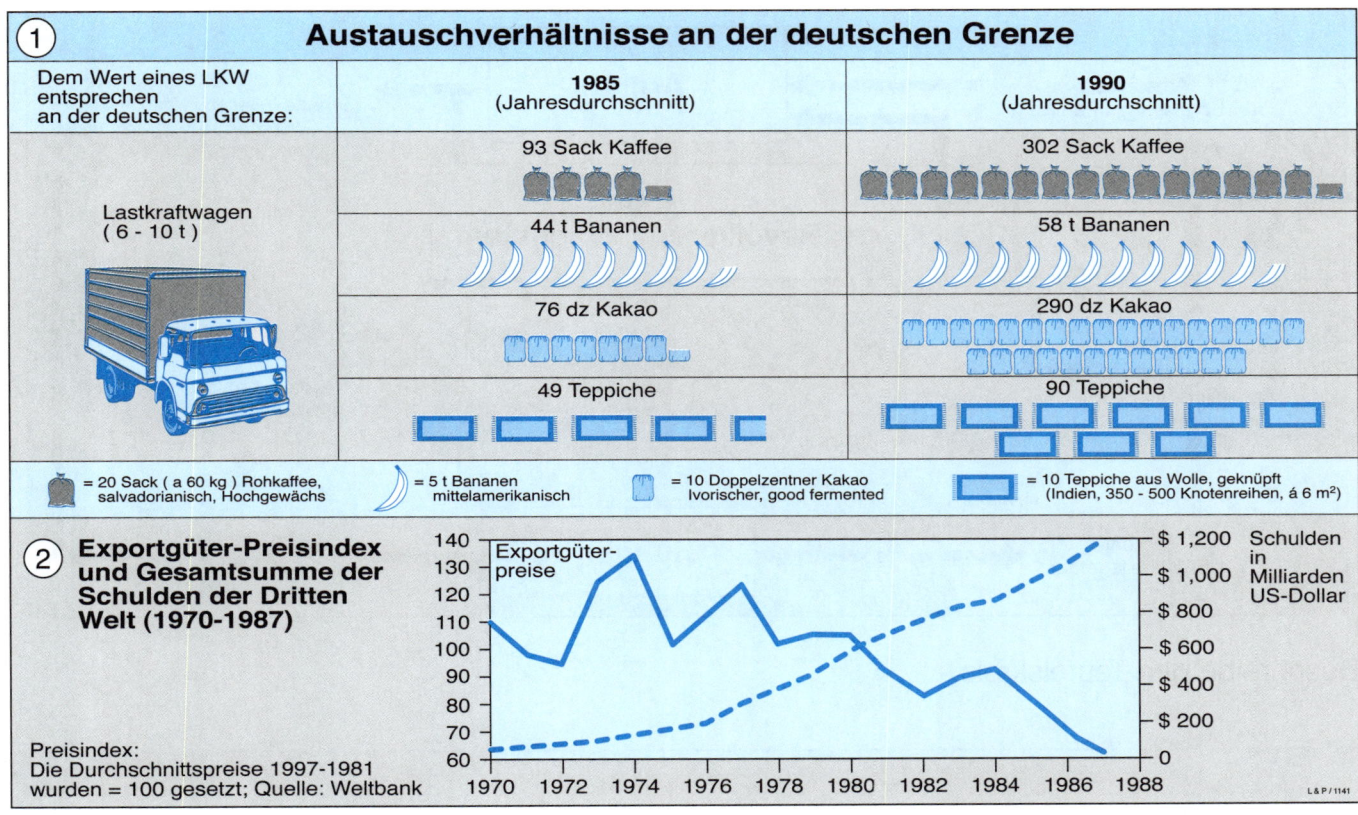

① Austauschverhältnisse an der deutschen Grenze

Dem Wert eines LKW entsprechen an der deutschen Grenze:	1985 (Jahresdurchschnitt)	1990 (Jahresdurchschnitt)
Lastkraftwagen (6 - 10 t)	93 Sack Kaffee	302 Sack Kaffee
	44 t Bananen	58 t Bananen
	76 dz Kakao	290 dz Kakao
	49 Teppiche	90 Teppiche

= 20 Sack (a 60 kg) Rohkaffee, salvadorianisch, Hochgewächs
= 5 t Bananen mittelamerikanisch
= 10 Doppelzentner Kakao Ivorischer, good fermented
= 10 Teppiche aus Wolle, geknüpft (Indien, 350 - 500 Knotenreihen, á 6 m²)

② Exportgüter-Preisindex und Gesamtsumme der Schulden der Dritten Welt (1970-1987)

Preisindex:
Die Durchschnittspreise 1997-1981 wurden = 100 gesetzt; Quelle: Weltbank

Exportgüterpreise — Schulden in Milliarden US-Dollar

L & P / 1141

1. Erkläre die Entwicklung der Preise zwischen 1980 und 1990.

2. Das Schaubild Nr. ② lässt eine Erklärung für die ungerechte Aufteilung des Reichtums auf der Erde zu. Begründe.

Teufelskreis Armut – Hunger

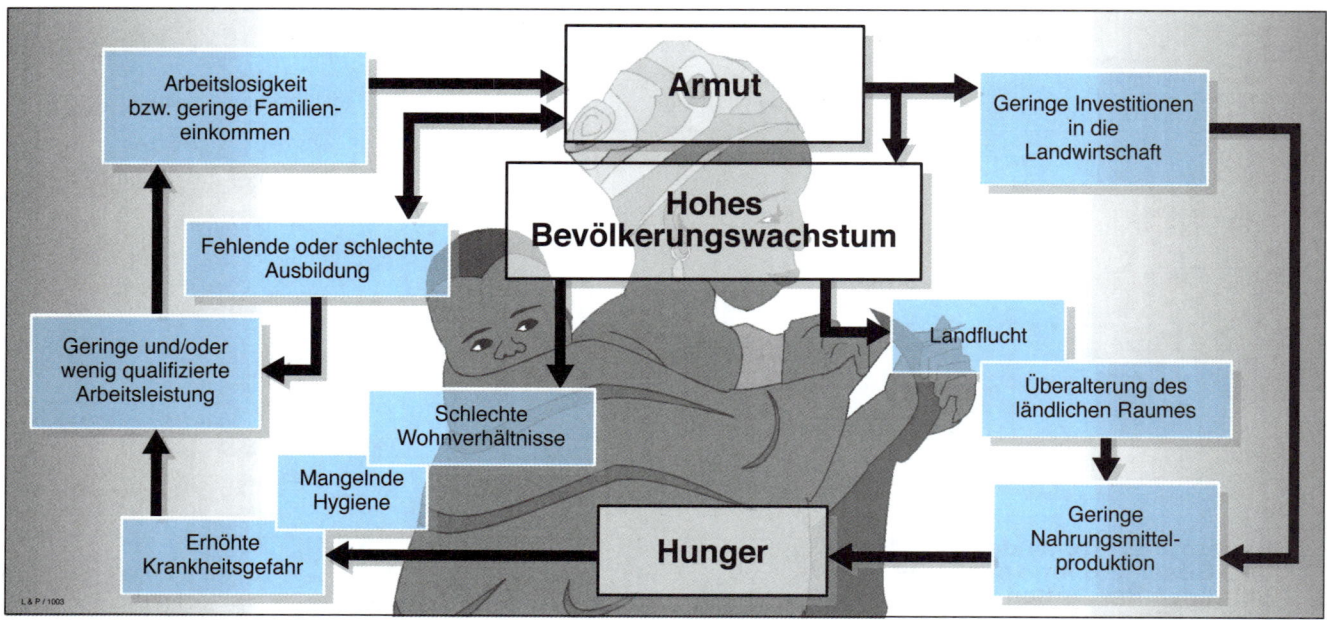

Armut

Arbeitslosigkeit bzw. geringe Familieneinkommen

Geringe Investitionen in die Landwirtschaft

Hohes Bevölkerungswachstum

Fehlende oder schlechte Ausbildung

Geringe und/oder wenig qualifizierte Arbeitsleistung

Landflucht

Überalterung des ländlichen Raumes

Schlechte Wohnverhältnisse

Mangelnde Hygiene

Erhöhte Krankheitsgefahr

Hunger

Geringe Nahrungsmittelproduktion

L & P / 1003

Beschreibe den Teufelskreis.

Bestellnummer 3-507-10349-5

Entwicklungshilfe im Spiegel der Karikatur

Bearbeite beide Karikaturen mit den Fragen des Arbeitsblattes 21.

„Señor, weiß deine Linke, was die Rechte tut?"

„Ist dir klar, dass ich dich in der Hand habe?"

Bestellnummer 3-507-10349-5

© 2003 Schroedel, Hannover

Notwendige Maßnahmen

1. Was bedeuten die Maßnahmen für die Industrie- und Entwicklungsländer hinsichtlich der Forderung *„Eine Welt für alle!"*?

a) Für die Entwicklungsländer:

_____

_____

b) Für die Industrieländer:

_____

_____

2. Gebt Hinweise, welches Verhalten von den Menschen gefordert wird.

Industrieländer	Entwicklungsländer

Bestellnummer 3-507-10349-5